Stortvloed van Liefde

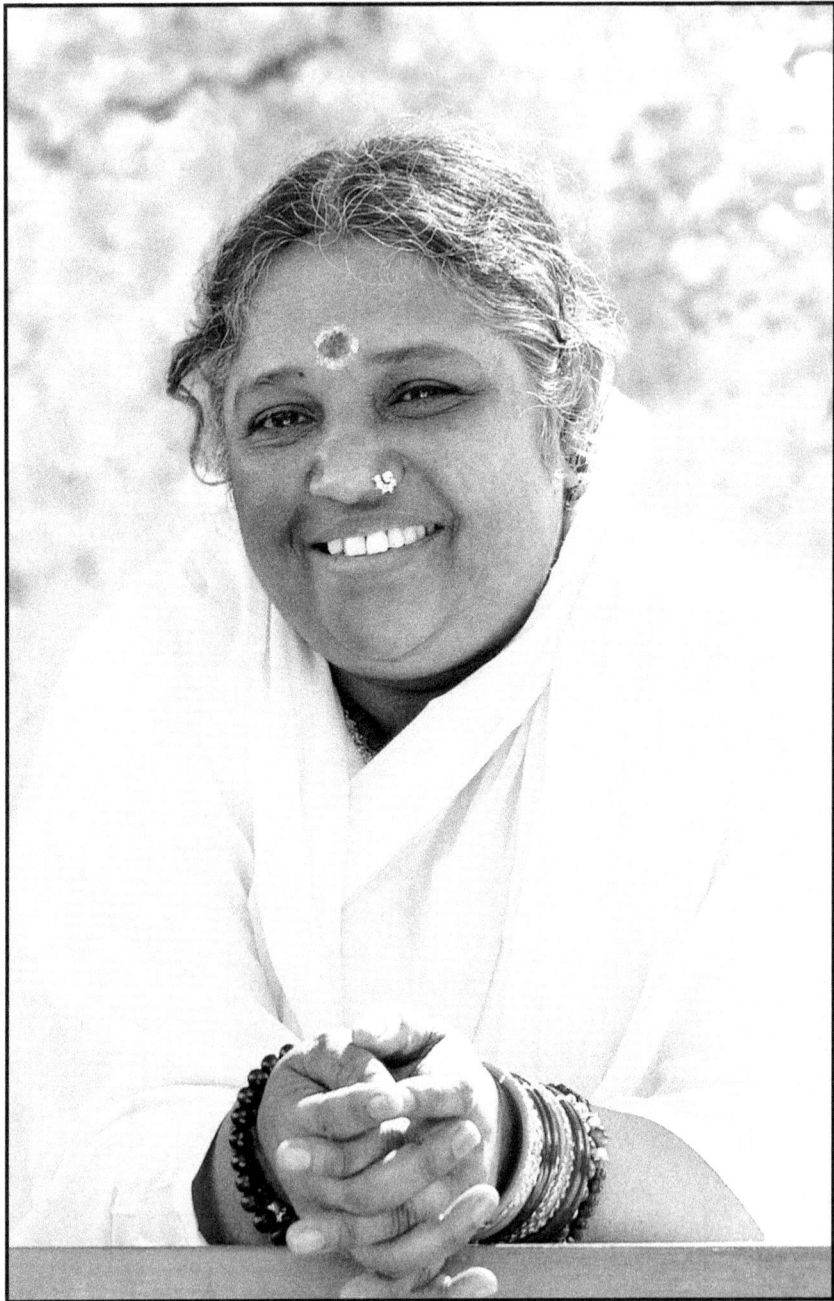

Stortvloed van Liefde

Swamini Krishnamrita Prana

Mata Amritanandamayi Center
San Ramon, Californië, Verenigde Staten

Stortvloed van Liefde
door Swamini Krishnamrita Prana

Uitgegeven door:
Mata Amritanandamayi Center
P.O. Box 613
San Ramon, CA 94583
Verenigde Staten

——————————— *Torrential Love (Dutch)* ———————————

Eerste uitgave: mei 2008

Adres in Nederland:
www.amma.nl
inform@amma.nl

Actadres in België:
www.vriendenvanamma.be

In India:
www.amritapuri.org
inform@amritapuri.org

Als al het land in papier werd omgezet
en alle zeeën in inkt zouden veranderen
en alle bossen in pennen om mee te schrijven,
zou dat nog niet voldoende zijn
om de grootheid van de Guru te beschrijven.

Kabir

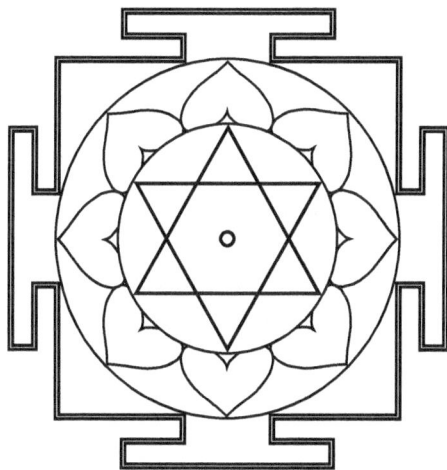

Inhoud

Inleiding

Zonder liefde en mededogen kan de wereld niet
bestaan. Het hele bestaan is dank verschuldigd aan
de mahatma's voor de liefde en het mededogen die zij
over de hele schepping hebben uitgestort.

Amma

Sommige heiligen worden alleen geboren om deze aarde met hun heilige aanwezigheid te zegenen. Ze kunnen hun jaren rustig zittend in een afgelegen grot in de Himalaya's doorbrengen. Ze zijn verdiept in vredige meditatie en ontvangen alleen diegenen die hen toevallig tegenkomen.

Maar een ander soort *mahatma* komt speciaal naar deze wereld om lijden actief te verlichten door de mensheid op een hoger niveau te brengen. Deze gerealiseerde ziel, die opgegaan is in het Goddelijk Bewustzijn, zou ervoor kunnen kiezen om in dat hoogste niveau van goddelijke vervoering geabsorbeerd te blijven en ons te vergeten. Maar in plaats daarvan verlangt hij ernaar tot ons niveau af te dalen om persoonlijk onze droefenis te veranderen in bewustzijn van onze ware aard.

Deze mahatma, die als een kostbare diamant is, verblijft niet diep in een grot, noch in rustige bossen of mooie bergen. Deze welwillende ziel komt als de heilige rivier de Ganga naar ons toe en stroomt door het hele land, zelfs naar de donkere hoeken van vuile steden. Hij haast zich om in contact te komen met de vergeten en vertrapte mensen. Een mahatma als Amma, altijd zuiver en onveranderlijk als een rivier, zegent de hele mensheid met Haar zuiverende aanraking, overal waar Ze heen gaat. De rivier kan het niets schelen wat de mensen met zijn water doen. Sommigen aanbidden het, anderen spugen er misschien in. Toch blijft zijn gewijde natuur onveranderd, want hij stroomt over vanuit de bron.

Amma is een zeldzaam juweel en is naar beneden gekomen om te proberen ons op een zachtaardige manier te bevrijden. Haar aard stroomt over van mededogen, dat Ze aanbiedt aan iedereen met wie Ze in contact komt. Ze heeft liefdevol meer dan 28 miljoen mensen getroost en opgebeurd en Haar omhelzingen blijven stromen naar de armen en de rijken, de zieken en de gezonden. Ze kan niet anders.

Zoals het water uit een koele bergbron de dorst kan lessen van een stervende in de woestijn, zo komt de liefde van een volledig gerealiseerde ziel als zoete nectar om de pijn van dit sterfelijke bestaan te verzachten.

Wanneer mensen naar Amma komen, kunnen ze om een zegen voor hun gezondheid, hun gezin of hun werk vragen. Amma helpt hen met deze persoonlijke behoeften, terwijl Ze benadrukt: "Er is één ding in de wereld en als je dat hebt, zal al het andere volgen. Dat is liefde." Amma leert ons:

Liefde is in iedereen, zelfs in de wreedste persoon, maar de meesten zijn niet in staat deze liefde, die in ons opgesloten zit, te delen. Een grote meerderheid van de mensen in deze wereld heeft als kind niet voldoende liefde ontvangen. Zelfs toen ze nog in de baarmoeder zaten, hebben ze misschien geen liefde van hun moeder ontvangen en dit gebrek aan liefde heeft hen diep beïnvloed. Iedereen heeft recht op de onbeperkte overvloed aan liefde en vriendelijkheid. Hoeveel we ook uit deze bron putten, hij zal nooit opdrogen. Hoe meer vriendelijkheid en liefde we geven, des te meer zal hij toenemen.

Omdat we deze zuivere liefde niet ervaren hebben, vinden we het leven vaak ongelooflijk moeilijk. Soms kunnen we het gevoel hebben dat we opgesloten zitten in een brandend gebouw. Juist op dit moment van wanhoop komt de heilige aanwezigheid van Amma als een verkoelende wind die het vuur blust. In Amritapuri woont een kindje. Soms volgt hij Amma op de voet samen met vele anderen. Hoewel hij nog geen drie jaar is, probeert hij Haar bij te houden. Hij waggelt naast Haar, terwijl hij soms naar de ene kant uitwijkt, soms naar de andere. Amma helpt hem geduldig verder door hem terug op het pad te trekken, op het rechte spoor te zetten, achter hem te lopen als het nodig is en hem opnieuw richting te geven. Ze doet hetzelfde met ons, leidt ons geduldig in de juiste richting wanneer we van onze weg afdwalen, en voert ons voorzichtig naar ons doel.

We maken allemaal dezelfde reis door het leven, maar soms vergeten we waar we heen proberen te gaan. Amma komt steeds opnieuw om ons terug te leiden naar onze uiteindelijke bestemming.

De mensen vragen me vaak hoe het is om met Amma te leven en met Haar de wereld rond te reizen. Eerlijk gezegd, het is niet iets wat men gemakkelijk in woorden kan uitdrukken. Het is uiterst moeilijk om door zo'n beperkt medium als taal te proberen de diepe gevoelens en indrukken over te brengen, die van binnenuit opkomen wanneer het hart zo diep geraakt en geopend wordt.

Alles wat ik kan doen is een paar prachtige juwelen proberen te delen die Amma heeft aangeboden terwijl ik erbij was. Ieder woord dat van Haar komt, is als een onbetaalbare schat. Wanneer zulke schatten worden aangeboden waar we bij zijn, hoe kunnen we het dan nalaten onze handen uit te steken om ze vast te houden en met anderen de schoonheid die we van Amma hebben ontvangen, te delen?

Ik heb meer dan de helft van dit leven met Amma doorgebracht, maar Ze gaat mijn begrip nog steeds helemaal te boven. Net wanneer ik denk dat ik Haar begin te begrijpen, bewijst Ze dat ik het helemaal bij het verkeerde eind heb. Wanneer ik mocht denken dat ik weer een laag van de vele sluiers die Haar verbergen, heb ontmaskerd, ontdek ik dat er verscheidene andere opkomen om die te vervangen.

Nadat ik mijn eerste boek, *De Heilige Reis*, voltooid had, was ik verheugd toen ik zag hoeveel het mensen hielp om zich met Amma verbonden te voelen. Ik vond dat het boek de moeite waard was, als ik in dit leven ten minste iets goeds gedaan had om Amma's naam te verheerlijken. Het is mijn hoop dat de lezers van deze tweede gift evenveel genieten en uiteindelijk de stortvloed van liefde ervaren die voorstroomt uit het ambrozijnen juweel dat Amma is.

Hoofdstuk 1

Het begin

Sommigen noemen het Amma.
Anderen geven het een andere naam.
Maar dit blijft hetzelfde,
onveranderlijk, onaangedaan.
Niemand kan tot het mysterie
van dit Wezen doorgronden.

Amma

Toen Amma geboren werd, was de manier van leven in Haar kleine vissersgemeenschap decennia lang onveranderd gebleven. Weinig gasten, en zeker geen buitenlanders, bezochten in die tijd het dorp. Damayanti, Amma's moeder, was zeer vroom en verrichtte dagelijks traditionele spirituele oefeningen. De naam van de Heer was altijd op haar lippen. Ze stond iedere morgen om drie uur op, maakte haar kinderen wakker en plukte dan verse bloemen om kransen van te maken die ze tijdens haar gebed aan God offerde. Iedere week vastte ze op speciale dagen voor verschillende goden.

Voor Amma's geboorte vertelde Damayanti haar man dat ze een telkens terugkerende droom had waarin Heer Krishna haar binnenging in de vorm van een goddelijk licht en dat dit licht alles om haar heen omgaf. Toen ze dit aan *Sugunacchan* vertelde, antwoordde hij dat dit niets bijzonders was. "Wat is daar zo vreemd aan, als je 20 uur per dag *mantra's* herhaalt en de hele tijd aan God denkt?" Maar Damayanti Amma zei dat ze nooit eerder zulke dromen gehad had en ze had al aan verscheidene kinderen het leven geschonken.

"Ik weet zeker dat het kind in me heel bijzonder is," zei ze tegen haar man. Maar Acchan weigerde haar te geloven. In plaats daarvan hield hij haar voor de gek en ging spoedig slapen. Tot zijn verbazing had hij die nacht eenzelfde droom. Slechts af en toe bezocht Amma's vader tempels of herhaalde hij mantra's. Dus toen hij dezelfde droomervaring had, was ook hij ervan overtuigd dat het kind dat zijn vrouw droeg, een goddelijk persoon was. Iedere dag raakte hij Damayanti's buik aan en deed *pranams* voor het kind in haar. Hij zei later dat haar buik de zuiverste plaats ter wereld was, omdat Amma daaruit geboren was.

Al op jonge leeftijd bleek Amma opvallend verschillend van andere kinderen te zijn. Als zuigeling van slechts een paar maanden staarde Amma intens naar alle foto's van heiligen, goden en godinnen die de muren van het huis van Haar ouders sierden. Haar vader zei dat Ze lange tijd naar de foto's staarde en dan huilde, maar niet zoals hun andere kinderen huilden.

Als klein meisje bouwde Amma tempels in het zand en verzamelde alle kinderen om zich heen om te spelen en bij deze tempels te bidden. In het dorp waar Amma opgroeide, had niemand *Sanskriet* geleerd, maar op de een of andere manier bezat Amma deze diepe kennis en leerde Ze Sanskriet mantra's aan de andere kinderen. Niemand kende of beoefende meditatie en toch zat Amma op zeer vroege leeftijd al te mediteren. Haar familie dacht dat Ze sliep, maar toch vroegen ze zich af hoe Ze rechtop zittend kon slapen.

Toen Amma ongeveer zeven jaar was, huilde Ze soms intens en onophoudelijk, verloren in Haar eigen wereld van devotie en verlangen naar God. Ze wilde naar een afgelegen plek gaan, zodat Ze tot God kon huilen zonder dat mensen Haar stoorden. Haar vader zag Haar zo en probeerde Haar te troosten. Hij pakte Haar op en hield Haar tegen zijn schouder om Haar op te monteren. Ze vroeg Haar vader Haar naar de Himalaya's te brengen. Hij verzekerde Haar dat hij dat zou doen en zei Haar dat Ze moest proberen wat te rusten. Ze viel tegen zijn schouder in slaap en geloofde argeloos dat hij Haar daarheen zou brengen. Toen ze later wakker werd, kwam Ze erachter dat Ze niet in de Himalaya's was en begon Ze opnieuw te huilen.

Amma ging naar een basisschool die tien minuten lopen van huis was. Iedere ochtend vertrok Ze ten minste een uur te vroeg naar school, maar Ze kwam altijd pas na de anderen aan en was vaak te laat. Op een dag hadden de leraren genoeg van Haar te laat komen en besloten ze Haar vader dit te vertellen. Sugunacchan kon het gedrag van zijn dochter niet verklaren en daarom onderzocht hij het heimelijk. Hij ontdekte dat Amma onderweg naar school alle huizen van de armen bezocht om te zien hoe het met hen ging en hen te helpen indien nodig. Ze gaf aan deze minder bevoorrechte mensen alles weg wat Ze van huis kon meenemen. Als iemand Haar ondervroeg over wat Ze weggaf, gaf Ze in het begin niets toe en maakte alleen als het niet anders kon, bekend wat Ze gedaan had.

In die tijd was er een oude man die rondzwierf naar alle huizen in het dorp. Hij bespeelde een kleine trommel en bedelde om geld. Amma noemde hem altijd 'vader', wat haar familie erg irriteerde. Op een dag hing Amma's vader zijn nieuwe *dhoti* aan de waslijn. Toen hij later terugkwam om hem op te halen, vond hij een oude dhoti ervoor in de plaats. Verscheidene malen ontdekten zowel Amma's vader als Haar oudere broer dat hun nieuwe kleren verdwenen waren en dat er wat oude kleren voor in de plaats lagen. Ze hadden geen idee wat er gebeurde, totdat Amma op een dag op heterdaad betrapt werd toen Ze de nieuwe dhoti van Haar vader wegnam en die verving door de oude van de bedelaar. Ze kreeg die dag een flinke aframmeling.

Toen Amma in de vierde klas zat, had Ze vaak vreselijke buikpijn. Op een keer was het zo erg, dat Ze naar huis moest om te herstellen. Door de ondraaglijke pijn rolde Ze over de vloer. Haar vader was bezorgd en stak de backwaters over om een dokter in het dorp te halen.

Toen de dokter kwam, had hij medicijnen en een injectie bij zich. Toen Amma de grote spuit zag, weigerde Ze de injectie. Haar opstandige gedrag maakte Haar vader kwaad, omdat hij veel moeite had gedaan om de dokter te halen. Aangezien hij bang was dat de dokter geërgerd zou raken omdat hij onnodig lastig gevallen was, zei hij dat Ze op zijn minst iets van de medicijnen moest nemen. Amma stemde met tegenzin in en accepteerde een grote tablet met een glas water. Hierna benadrukte Amma dat het goed met Haar ging en de buikpijn over was. Een paar uur later ging Ze naar buiten om te spelen. Toen ontdekte Haar vader de natte tablet die Amma uitgespuugd en onder Haar bed verborgen had. Hij schudde zijn hoofd. "Dit kind is onverbeterlijk," dacht hij bij zichzelf.

In die tijd was Amma's vader vaak van huis om te vissen. Steeds als hij terugkeerde, had zijn vrouw een lange lijst met klachten over alle recente problemen die Amma had gegeven. Een keer toen Amma lag te slapen en Haar moeder zachtjes klaagde over alle ondeugende dingen die Ze gedaan had, sprak Amma plotseling vrijuit en duidelijk: "Ik ben jullie schoondochter niet[1]!" Haar vader herinnert zich dat Amma daar zeer serieus aan toevoegde: "Ik weet alles!"

Hij dacht dat Amma bedoelde dat Ze alles wist wat in Haar schoolboek stond. Daarom bracht hij Haar het boek. Het splinternieuwe boek, dat amper was aangeraakt, rook nog naar drukinkt. Hij vroeg Amma te bewijzen wat Ze zojuist gezegd had en te herhalen wat er in het boek stond. Amma begon de hele inhoud van het boek op te sommen, tot absolute verbazing van Haar vader, want hij wist dat Ze er waarschijnlijk nooit in gekeken had. Amma's oudere zus zat in een hogere klas en Haar vader haalde haar moeilijkere boek erbij en begon Amma te testen. Opnieuw herhaalde Ze tot zijn verbazing ook alles uit het boek van Haar zus.

Amma's ouders, die geschokt waren door Haar genialiteit, vonden dat ze ervoor moesten zorgen dat Ze zeer goed onderwijs kreeg. Maar dit zou niet gebeuren, omdat Amma's moeder ziek werd en Amma in de vierde klas van school af moest om voor het huishouden te zorgen.

Hoewel Amma niet meer naar school ging, leerde Ze toch bepaalde lessen die daar onderwezen werden, omdat Ze Haar broers en zussen bij hun huiswerk hielp. Ze was verantwoordelijk voor de zorg voor Haar broers en zussen – hen op laten staan en klaarmaken voor school, hun te eten geven – en ook voor al het huishoudelijk werk. Ze was als de dienaar van het gezin.

Amma ging dagelijks van huis om levensmiddelen voor het gezin te kopen. Ze kreeg per week een klein geldbedrag

---

[1] Traditioneel worden schoondochters niet met evenveel respect behandeld als eigen dochters.

en men verwachtte van Haar dat Ze daarmee alle onkosten van het huishouden betaalde. Op deze manier leerde Amma voor het eerst de waarde van alles en hoe je voor het huishouden moest rondkomen met een uiterst klein budget. Wat Ze als jong meisje leerde, vormde de basis voor Haar kennis en managementbekwaamheden om een *ashram* en verschillende dienstverlenende organisaties te leiden.

Het dorp waar Amma opgroeide, was gelegen op een nauwe strook land tussen de Arabische Zee en de backwaters. Het dorp besloeg ongeveer tien hectaren met ongeveer honderd hutten die zeer dicht bij elkaar gebouwd waren. Kinderen speelden vaak bij het huis van andere kinderen en hun moeders maakten zich geen zorgen om hen, omdat ze wisten dat ze veilig ergens in de buurt waren.

Minstens zes maanden in het jaar waren de gewoonlijk brakke backwaters vol zoet water en dan hadden de kinderen pret door in het water te springen en te zwemmen. Ze klommen ook in bomen om mango's te plukken. Als ze de wind hoorden waaien, renden ze naar de bomen, zaten eronder en baden intens dat de piepkleine mangootjes zouden vallen.

Amma denkt graag aan deze tijd uit Haar jeugd terug. Onlangs, toen we wegreden na afloop van een *darshan*programma, renden een paar kinderen de auto achterna. Ze probeerden hem bij te houden en schreeuwden van opwinding. Amma zei dat het Haar aan Haar jeugdjaren deed denken, toen alle kinderen samen renden en speelden en probeerden mango's te vinden. Ze zegt dat Ze soms het geschreeuw van jonge kinderen die buiten spelen hoort, terwijl Ze darshan aan het geven is, en dat herinnert Haar opnieuw aan Haar jonge jaren.

Amma werd vaak naar een naburig huis gestuurd om vuur te halen voor het koken of om de olielamp aan te steken. In die tijd gebruikten de dorpelingen geen lucifers. In plaats daarvan haalden ze vuur bij een huis waar het keukenfornuis al brandde. Amma's moeder instrueerde Haar dat Ze, als Ze een huis binnenging en vuile borden zag, eerst de borden moest wassen of het huis schoon moest maken, voordat Ze het vuur nam. In die oude tijd waren de dorpelingen zo voorkomend tegenover elkaar. Ze wisten niet echt iets van spiritualiteit, maar de houding van rekening houden met elkaar was altijd inherent in hun opvoeding.

Toen Amma opgroeide, had Ze geen formele leraar tot wie Ze zich kon wenden. Voor Haar werd dus alles een spirituele les. Ze leerde van alle ervaringen in het leven.

Als jong meisje voelde Ze dat God Haar omhelsde als de wind Haar huid aanraakte. Amma praatte altijd met Moeder Natuur, met Haar kussen, met alles. Er was voor Haar niets wat niet vol was van het Goddelijk Bewustzijn.

Ze hield ervan op het strand te zijn en beschouwde de zee als Haar moeder. Ze zat vaak naast het water en vertelde haar alles, omdat de oceaan de enige was die Haar kon begrijpen. Soms nam Ze wat brood en iets te drinken mee en na de meditatie bood Ze het de zee aan, omdat Ze alles met haar wilde delen.

Als kind ging Amma iedere dag van huis tot huis om voedselresten te verzamelen voor de koeien van het gezin. In veel huizen zag Ze enorm veel lijden. Als de vissers een paar dagen geen vis konden vangen, leed hun gezin vaak honger. De gezinnen waren in die tijd groot, soms hadden ze wel twaalf kinderen. Soms zag Amma radeloze vrouwen hun kinderen vasthouden, die allemaal huilden. De kinderen huilden van de honger en de moeder huilde omdat ze niets had om hun te geven. In andere huizen hadden de mensen daarentegen meer dan genoeg te eten. Deze ongelijkheid verwarde Amma vaak en deed Haar kwaad schreeuwen tot een God die zulke partijdigheid toonde. Maar Ze kreeg als antwoord terug dat deze mensen vanwege hun karma leden en hoewel het hun *karma* was te lijden, was het ook Haar *dharma* mededogen te tonen.

Amma vroeg zich nooit af of God echt bestond of niet. Voor Haar was de vraag: "Hoe kan ik het lijden verlichten dat overal voortduurt?" Nadat Amma zoveel tegenspoed gezien had, wist Ze al op zeer jonge leeftijd dat Haar leven bedoeld was als geschenk om de mensheid te verheffen.

Amma heeft gezegd dat Ze nooit een *sannyasi* in het plaatselijke gebied gezien had, totdat Ze ongeveer twintig was. De enige tempel voor de mensen was zeven kilometer verderop, in een plaats die Oachira heette. Eén keer per jaar nam Haar vader zijn acht kinderen mee naar het jaarlijkse tempelfestival dat daar gehouden werd. Het was de hemel op aarde voor hen om op deze jaarlijkse pelgrimstocht te gaan.

Totdat Ze 19 jaar oud was, had Ze niet verder gereisd dan de 13 kilometer naar het huis van Haar grootmoeder. Op Haar 22ste maakte Ze een reis van 35 kilometer naar Kollam, maar niet verder. Hoewel Amma in Haar jeugd nooit ver gereisd heeft, besteedt Ze nu het grootste deel van Haar tijd aan het rondreizen over de hele wereld, waarbij Ze troost en vreugde brengt overal waar Ze heen gaat.

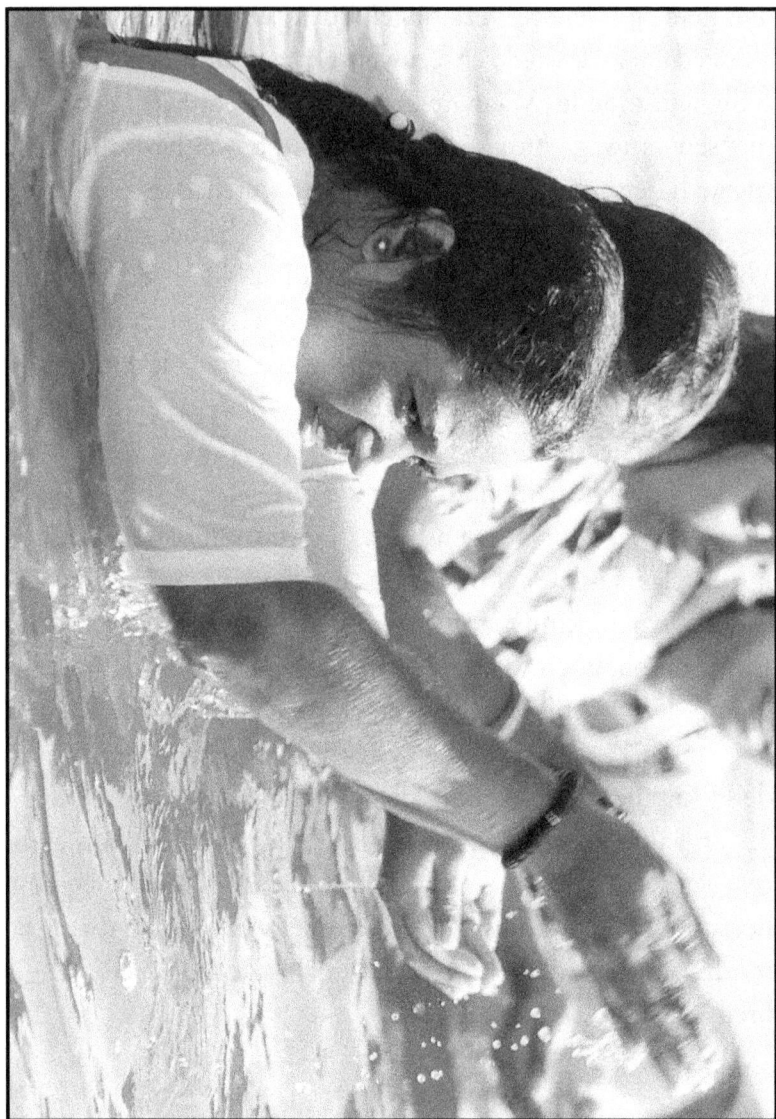

Hoofdstuk 2

Voorbij religie

We hebben geleerd om in de lucht te vliegen als vogels
en in de zee te zwemmen als vissen,
maar we hebben niet de simpele kunst van samenleven
als broers en zussen geleerd.
Martin Luther King Jr.

De mensen vragen zich vaak af hoe Amma voor het eerst darshan begon te geven. Amma zegt dat het nooit gepland was, maar gewoon spontaan begon, toen de arme dorpelingen huilend met hun problemen naar Haar toe kwamen. Amma identificeerde zich sterk met hen. Ze deelde hun verdriet totaal en probeerde hen te troosten en op te beuren zodat ze wat opluchting kregen. Ze begon met hen op Haar schoot te leggen en te liefkozen en omhelsde hen dan zoals een moeder haar eigen kind troost.

Andere dorpelingen die ook problemen hadden, zagen dat Amma zoveel affectie gaf en klaagden: "Ze heeft die persoon omhelsd, daarom moet Ze mij ook omhelzen!" En zij eisten ook troost. Als gevolg begon Amma de een na de ander te troosten en op deze manier begon de traditie van de darshanrij. Amma werd een rivier van liefde die onophoudelijk stroomde en iedereen omarmde die vol verdriet naar Haar toe kwam.

In Amma's dorp woonden de mensen in hutten met daken van kokospalmbladeren. Omdat de bladeren verslijten en het dak daardoor gaat lekken, moest het ieder jaar vóór de moesson opnieuw bedekt worden. Maar sommige dorpelingen konden zich de duizend roepies die het kost om hun dak ieder jaar opnieuw te bedekken, niet veroorloven. Als het 's nachts regende en ze niet voldoende emmers hadden om het regenwater op te vangen, moesten ze in hun hut zitten en paraplu's boven hun slapende kinderen houden.

Toen Amma opgroeide, moest Ze vaak met haar jongere broer naar het plaatselijke ziekenhuis vanwege zijn slechte gezondheid. In het ziekenhuis zag Ze mensen lijden omdat ze zich niet konden veroorloven geld uit te geven aan pijnstillers. De faciliteiten in het ziekenhuis waren armzalig. Soms werden door gebrek aan elektriciteit dingen niet goed gesteriliseerd en instrumenten zoals naalden werden steeds opnieuw gebruikt.

Het ziekenhuis eiste dat de patiënten een klein stukje papier hadden, waarop de dokter hun naam, details en een recept voor de apotheek kon schrijven. Maar sommige mensen waren zo arm dat ze zelfs het papier niet konden betalen waar de dokter op moest schrijven en als gevolg daarvan konden ze hun medicijnen niet krijgen.

Amma zag ook arme gezinnen die geen geld hadden om voor hun kinderen papier te kopen waar ze de antwoorden voor hun schoolexamens op konden schrijven. Deze kinderen moesten het zonder onderwijs doen door gebrek aan een paar roepies.

Daarom scheurde Amma vaak bladzijden uit de schoolboeken van Haar zussen om aan deze mensen te geven, zodat ze hun medicijnen konden ontvangen of hun examens konden afleggen. Wanneer Haar zusters ontdekten wat Ze gedaan had, sloegen ze Haar vaak, maar toch weerhield dit Haar er niet van de armen te helpen.

Amma zag in Haar jeugd veel lijden. Als gevolg van het zien van zoveel ontbering in Haar jonge leven, was het eerste wat Amma zei toen de Amritapuri-ashram in 1983 als charitatieve instelling werd geregistreerd: "Stop me niet als een papegaai in een kooi. Maak van deze organisatie geen zakelijke onderneming. Hij moet opkomen voor de mensen, voor de lijdende mensheid." Vanaf het allereerste begin, door alle jaren heen en tot op de dag van vandaag, hebben Amma en alle mensen die voor Haar werken, dat ideaal absoluut en zonder compromissen hooggehouden.

De mensen worden erg door Amma geïnspireerd. Zelfs de allerarmsten proberen soms een munt van een roepie in Haar hand te drukken, wanneer ze in India voor darshan komen, wetend dat Ze het zal gebruiken om anderen te dienen. Ze kunnen echt niet meer aanbieden, maar ze willen anderen helpen en ze weten dat Amma het namens hen zal doen. Ze zegt dat ze allemaal als vogeltjes zijn die iets aanbieden en alles bij elkaar vormt het een stroom als een rivier.

De grote meesters nemen voorbeelden uit het wereldse leven en ontleden die, zodat de mensen ze kunnen begrijpen. Hoewel de Hoogste Waarheid in wezen uiterst eenvoudig is, blijft hij ons begrip te boven gaan, ongrijpbaar door zijn eenvoud. Het is als een enorm stuk kandijsuiker dat in stukken gebroken en aan ons in hapklare brokken gegeven wordt. Anderen beweren dat ze de aard van kandijsuiker begrijpen en hebben van alles te zeggen over de kandijsuiker. Ze hebben misschien zelfs aan de buitenkant ervan gelikt, maar hebben nooit zijn totale zoetheid ervaren. Ze kunnen de principes niet ontleden in zijn ware essentiële punten, zodat wij het kunnen verteren. Alleen een verlicht leraar als Amma speelt het klaar dit voor ons te doen. In de hindoetraditie breken mensen kokosnoten voor de tempel, wat het breken van het ego symboliseert. Deze handeling betekent: "God, ik probeer het ego in Uw aanwezigheid te breken!" En zoals er zoet water uit de gebroken kokosnoot komt, komt er vreugde op wanneer men het ego overgeeft. Amma heeft gezegd dat alle symbolen van het hindoeïsme een diepe en veelzeggende betekenis hebben. De uiterlijke symbolen van het hindoeïsme helpen iemand om concentratie te krijgen en discipline te ontwikkelen. Bijvoorbeeld, de *vibhuti* die op het voorhoofd wordt aangebracht, is geneeskrachtig en symboliseert dat alles uiteindelijk tot as vergaat en daarom vergankelijk is. De poriën op het voorhoofd hebben speciale zenuweinden en absorberen de as. Het verbranden van kamfer en ermee zwaaien tijdens de *arati* betekent het opgeven van het ego. Wanneer wij ons opofferen en ons ego van ganser harte aanbieden, verbrandt onze individualiteit in die overgave, zoals kamfer verbrandt zonder resten achter te laten.

Mensen vragen vaak wat het verband is tussen Amma en het hindoeïsme. Amma is opgevoed in een hindoecultuur en heeft de innerlijke betekenis ervan volledig begrepen. Amma zegt dat Ze daarom vindt dat het van nut is voor iedereen die erin geïnteresseerd is. Amma dwingt nooit iemand goden of godinnen te aanbidden. Ze adviseert ons om God in iedereen te zien, om ieder aspect van de schepping te aanbidden. Ze herhaalt telkens opnieuw dat de schepping en de Schepper niet te scheiden zijn, maar een en hetzelfde is.

Wanneer Amma *satsangs* geeft tijdens openbare programma's in India, probeert Ze de mensen vaak de echte betekenis te leren achter de goden en godinnen en de verschillende begrippen in *Sanatana Dharma*. De meeste mensen hebben rituelen blindelings geaccepteerd zonder de echte betekenis ervan te begrijpen. Amma herinnert de mensen eraan dat ze moeten proberen de echte betekenis van hun eigen religie te volgen. Je hoeft niet van religie te veranderen, maar moet in plaats daarvan proberen de onderliggende essentie te begrijpen.

Toen we op een dag door Londen reisden, moesten we een taxi nemen naar een andere luchthaven. De taxichauffeur, die van Afrikaanse afkomst was, merkte onze Indiase kleding op en vroeg me wat onze religie was. Ik lachte omdat dit altijd een moeilijke vraag is. Het is misleidend als iemand als Amma, die de beperkingen van iedere religie volkomen getranscendeerd heeft en ons leert om hetzelfde te doen, zegt dat we gewoon hindoes zijn. Het is echter moeilijk om dit effectief aan anderen uit te leggen en van hen te verwachten dat ze het begrijpen.

Ik probeerde te vermijden dat we het etiket van één bepaalde religie opgeplakt kregen en zei dat onze religie 'liefde en dienstbaarheid aan de mensheid' was. Ik kon aan zijn gelaatsuitdrukking zien dat hij niet echt tevreden was met mijn antwoord. Ik wist dat hij een etiket wilde opplakken waarmee hij vertrouwd was en daarom legde ik me erbij neer en antwoordde uiteindelijk 'hindoe'.

Tevreden met dit antwoord vroeg hij toen wat we dachten over wat er gebeurt wanneer we sterven en waar we heen gaan. Amma antwoordde in de vorm van een vraag: "Wat gebeurt er als het regent? Waar gaat dat water heen?"

De taxichauffeur dacht er een tijdje over en antwoordde toen: "Wel, het gaat in een kringloop en komt dan terug." Ja, hij snapte het. Hij beantwoordde zijn eigen vraag en we lachten allemaal.

We hadden inmiddels onze bestemming bereikt, waren uit de taxi gestapt en stonden op het punt het gebouw binnen te gaan. De chauffeur, wiens spirituele nieuwsgierigheid nu gewekt was, vuurde nog een laatste vraag af: "Waar is God?" Amma antwoordde dat de mens Hem in stukken gesneden had en dat religie noemde.

Iedere dag zien we in de krant dat er overal in de wereld ongelooflijke geweldpleging en vernietiging plaatsvindt. De mensen willen elkaar doden en verminken in naam van hun religie. Amma wijst erop dat een groot aantal bereid is voor hun religie te sterven, maar hoeveel zijn er bereid voor hun religie te leven, in de ware essentie van de zuiverheid die erin vervat is? Bijna niemand, lijkt het wel.

We hebben de neiging alleen de buitenkant van religie te zien. We zien de binnenkant van religie niet, de essentie van religie, die spiritualiteit is. Maar als we in staat zijn tot die essentie te komen en die in praktijk te brengen, zal alles anders zijn. Gebrek aan spirituele ervaring heeft alle verdeling die we in de samenleving zien, veroorzaakt.

Amma zegt dat in de houding 'ik ben hindoe', 'ik ben christen' of 'ik ben moslim' het kleine ik, het ego, nog steeds aanwezig is. We moeten ernaar streven deze houding te transcenderen. Onderzoek naar het echte ik zal ons naar de Waarheid voeren. Om dit ik te kennen, om het Zelf te kennen verrichten we verschillende spirituele oefeningen.

Amma wijst erop dat het geen zin heeft de *Vedanta* alleen maar te bestuderen en erover te denken. We moeten Vedanta leven en laten zien dat het praktisch is. We moeten bijvoorbeeld anderen als onszelf ervaren en proberen hen te helpen en daarmee te verheffen zodat iedereen in deze wereld gelukkig wordt. Dit is het fundamentele spirituele principe achter de mantra *lokah samastah sukhino bhavantu*, mogen alle wezens in alle werelden gelukkig zijn.

Religie en spiritualiteit zijn de middelen om ons hart te openen en liefde en mededogen voor anderen uit te drukken. Maar door ons wanbegrip en egoïsme misbruiken we die en creëren zelfs nieuwe problemen. Het belangrijkste doel van het leven is gelukkig te zijn en echte innerlijke rust te ervaren, terwijl men op het huidige moment gericht is. Maar hoeveel innerlijke rust is er werkelijk ondanks alle vrijheid die de mensen denken te hebben? De meeste mensen lijden vreselijk.

Amma moet ons er vaak op wijzen dat de enige manier waarop we echte blijvende vrijheid zullen vinden, van binnenuit is. Als we die vrijheid eenmaal gevonden hebben, zal die ons nooit verlaten. Maar we kunnen die alleen door spiritualiteit bereiken.

Amma zegt dat liefde niet in woorden uitgelegd kan worden, omdat het het vermogen van woorden te boven gaat. Het is zuivere ervaring. Zoals we het geluid van de donder en regen niet kunnen uitleggen maar die moeten ervaren. Wanneer we liefde beginnen te geven, wordt de liefde in ons wakker en zijn er geen 'twee' meer, ze worden verenigd als 'een'.

Helaas blijven de meeste mensen verdeeld. In de wereld van vandaag is ongelooflijk veel beroering en conflict. De mensen willen vaak religie als de schuldige aanwijzen. Maar Amma zegt dat zulke beschuldigingen niet terecht zijn. Het zijn de misinterpretaties van religie die de problemen scheppen, niet spiritualiteit, die de fundamentele aard van alle religies is. Een verslaggever was na een interview erg onder de indruk van Amma. Hij merkte op dat Haar antwoorden uiterst simpel waren, maar uitermate diepgaand. Amma's antwoord was dat Ze in een dorp was opgegroeid en niets gestudeerd had, maar Ze zichzelf had leren kennen. Door zichzelf te kennen begon Ze iedereen echt te begrijpen, omdat we geen geïsoleerde eenheden zijn, maar allemaal verbonden als de schakels van een ketting.

Als men een steen in een vijver laat vallen, reizen alle rimpels naar de rand van de vijver. Als ze de rand bereikt hebben, gaan ze weer terug naar het midden. Zo is het ook als we studeren. We leren heel veel, maar uiteindelijk moeten we terugkeren naar het punt vanwaar we begonnen zijn om ons ervan bewust te worden dat we in werkelijkheid niets weten.

Amma geeft het voorbeeld dat er slechts een kleine sleutel nodig is om een slot te openen. Als we proberen andere dingen in het slot te stoppen om het te openen, zal het alleen kapotgaan. Zo is de Hoogste Waarheid ook erg eenvoudig, maar we proberen het altijd ingewikkeld te maken.

Er zijn veel verschillende religies, maar God is één. Er is geen kaste of gezindte voor Zuiver Bewustzijn. De wegen om de waarheid te bereiken zijn ontelbaar, maar het doel is één en hetzelfde. Daarom doen mensen verschillende oefeningen om dezelfde waarheid te bereiken.

Amma probeert nooit iemand te beïnvloeden om hem oefeningen te laten accepteren die hij als ongemakkelijk ervaart.

Ze adviseert iedereen vol mededogen overeenkomstig zijn eigen mentale gesteldheid en zijn eigen cultuur. Hen die Christus aanbidden, initieert Amma met een mantra voor Jezus Christus. Aan hen die de islam volgen, geeft Amma de mantra van Allah. En hen die het vormloze aanbidden, initieert Amma met een passende mantra.

Toen een catastrofale aardbeving Kashmir in oktober 2005 trof, werden enkele vertegenwoordigers van Amma naar het grensgebied gestuurd om te zien wat er gedaan kon worden om te helpen. Voordat ze vertrokken, instrueerde Amma hen dat ze niet over Amma moesten spreken, wat de meeste toegewijden geneigd zijn te doen. Ze moesten gewoon proberen de mensen te troosten met spirituele leiding volgens de religie van die mensen. Nadat de vrijwilligers voedsel en kleding aan de mensen in nood uitgedeeld hadden, zaten ze samen met de plaatselijke mensen die hun huizen verloren hadden, en zongen ze gezamenlijk. De liederen werden zorgvuldig gekozen zodat ze niet in strijd waren met het moslimgeloof. Dit opende het hart van de mensen voor een liefde die de hele mensheid omvatte en niet beperkt was tot slechts één religie.

Amma zei dat we bij een ramp naar het niveau van de mensen die lijden moeten gaan en moeten proberen één met hen te worden, maar dat we nooit mogen proberen iemands religie te veranderen. We moeten de mensen helpen sterker in hun eigen religie te geloven en hen helpen tot God te roepen volgens hun eigen begrip en gewoonten.

Amma heeft nooit iemand gevraagd in Haar te geloven of Haar te aanbidden. Ze heeft ons alleen gevraagd te proberen betere mensen te worden en te weten wie we zijn. De waarheid is dat we helemaal niet weten wie we zijn. We brengen het grootste deel van ons leven door als vreemdeling voor ons Zelf. Een perfecte meester als Amma kent ons echt beter dan wij onszelf kennen.

Hoofdstuk 3

Een perfecte meester

Enkel een aanraking of een blik van een mahatma kan veel nuttiger voor ons zijn dan tien jaar lang ascese beoefenen. Maar om dat profijt te ervaren moeten we van het ego afkomen en moeten we vertrouwen hebben.

Amma

Amma's grootmoeder van vaders kant was een zeer vrome vrouw. Ze besteedde het grootste deel van haar leven aan het maken van bloemenkransen voor de *kalari*. Toen ze voor darshan naar Amma kwam, plaagde Amma haar liefdevol door de grote gaten in haar oorlellen met bloemen te vullen. De jaren smolten weg omdat Amma's grootmoeder een jong meisje werd voor haar goddelijke kleinkind.

Toen Amma's grootmoeder al meer dan negentig jaar was, stond ze 's ochtends nog steeds vroeg op. Ze liep door de Amritapuri-ashram om bloemen voor de kalari te verzamelen. Ze liep enorm voorovergebogen door artritis en kon slechts langzaam lopen. Toch vond ze haar weg in de ashram. Tot twee jaar voor haar dood verhitte ze zelf het water voor haar dagelijkse bad. Pas op het eind van haar leven werd ze te zwak om voor zichzelf te zorgen en werd in het ashramziekenhuis opgenomen, waar ze haar laatste dagen doorbracht.

Zelfs toen ze in het ziekenhuis in een onbewuste toestand was, pakten haar handen haar sari vast en draaiden die op dezelfde manier waarop ze bloemenkransen gemaakt had. Omdat ze dit in de ochtenduren vele jaren gedaan had, was deze handeling zo diep in haar geest gegrift, dat ze hem zelfs verrichtte wanneer ze niet bij bewustzijn was. Laten we hopen dat wij tegen de tijd dat we oud worden ons enkele goede gewoonten eigen gemaakt hebben.

De toekomst hebben we altijd in onze handen. Zoals Buddha zei: "Wat je bent, is wat je geweest bent. Maar wat je zult zijn, is wat je nu doet. Als je je levens uit het verleden wilt weten, kijk dan naar je huidige toestand. Als je je toekomst wilt weten, kijk dan naar je huidige handelingen."

Als we goede gedachten in ons kunnen ontwikkelen, zullen de slechte gedachten beetje bij beetje verdwijnen. Het is hetzelfde als wat er gebeurt met een vat zeewater waar we zoet water aan toevoegen: het water wordt minder zout.

Wanneer het in de bergen sneeuwt, vinden we dat de prachtige sneeuwvlokken volkomen onschadelijk zijn. Maar wanneer deze sneeuwvlokken smelten, stromen ze de bergen af als een gezwollen rivier. Die stroom kan enorme keien meevoeren en ons zelfs mee sleuren. Zo kunnen we denken dat één gedachte onbelangrijk is en dat die geen kracht heeft, maar als die gedachte sterker wordt, wordt hij in handelen omgezet en kan onherstelbare schade en onheil veroorzaken. We moeten ons van negatieve gedachten bewust zijn en proberen ze in het beginstadium te stoppen, voordat ze groter worden en schade kunnen veroorzaken.

Zolang we met het lichaam en de geest geïdentificeerd blijven, moeten we een gedisciplineerd leven leiden. Het beoefenen van discipline kan bewustzijn in de geest creëren. Toch is het erg moeilijk om *vasana's* (negatieve neigingen) in ons eentje te transcenderen en daarom hebben we de hulp van een perfecte meester nodig.

Amma zegt dat we ons geen zorgen hoeven te maken over voorbije handelingen. Zoals een gum alles wat een potlood schrijft uit kan gummen, kan de meester al onze fouten wegnemen. Maar we moeten oppassen dat we niet dezelfde fouten blijven herhalen, want als we op dezelfde plaats steeds opnieuw blijven schrijven en uitgummen, zal het papier uiteindelijk kapotgaan.

Wanneer we bij een perfecte meester zijn gekomen en ware overgave hebben bereikt, hebben we niets meer om over te piekeren. Amma weet dat het moeilijk is om tot totale overgave te komen. Ze zegt dat totale overgave in feite Godsrealisatie is. Hoewel absolute overgave moeilijk te bewerkstelligen is, moeten we in ieder geval ons best doen. Dit vermogen hangt af van ieders persoonlijke spirituele ontwikkeling. Alles in het leven is Gods schepping, behalve ons ego. Het ego is onze eigen schepping. Om ons ego te verwijderen hebben we de hulp nodig van iemand buiten onze eigen schepping. We hebben een perfecte meester nodig. Alleen de *guru* kan onze blinde onwetendheid verwijderen.

Men zegt dat het ego in het hoofd zit en daarom buigt men in de traditie van Sanatana Dharma voor de guru. Buigen betekent: "Ik leg mijn ego aan uw voeten opdat uw goddelijke genade daardoor mag neerstromen en mijn loodzware ego wegspoelen." Dit is de houding die men moet hebben wanneer men zich voor de guru op de knieën werpt. De enige manier om van alle gedachten en alle verwarring in de geest af te komen is het streven naar echte overgave.

We komen alleen voor ons eigen welzijn naar de spirituele meester. De meester heeft niets van ons te winnen; het is helemaal omgekeerd.

Vaak begrijpen de mensen de noodzaak van overgave aan een perfecte meester niet. Ze vragen: "Waarom is dit nodig? Neemt het onze vrijheid niet weg?"

Wanneer mensen het woord 'overgave' horen, denken ze misschien dat overgave neerbuigen op je knieën betekent en alles aanbieden wat je hebt. En je banksaldo moet nul worden. Maar Amma zegt dat dit geen echte overgave is. Echte overgave is het innerlijke banksaldo op nul zetten door alles aan te bieden wat we in ons hebben. Echte overgave is ons hart overgeven. Door neer te buigen komen we op een hoger plan.

Er was eens een groot soefiheilige die in Noord-India woonde en erom bekend stond dat hij de wensen van mensen vervulde. Een arme oude man uit een dorp in de buurt moest het huwelijk van zijn dochter organiseren, maar hij had daarvoor het geld niet. Hij had over de grote heilige gehoord en besloot de reis naar hem te ondernemen.

Toen hij bij het verblijf van de heilige aankwam, ging hij naar hem toe en vroeg of hij kon helpen bij het arrangeren van het huwelijk van zijn dochter. De heilige was heel bezorgd en antwoordde: "Ik heb nu niets om je te geven, maar geef me vijftien dagen en dan zal ik iets voor je kunnen regelen." De oude man ging blij weg.

Na vijftien dagen kwam hij terug. Hij benaderde de heilige opnieuw en herinnerde hem aan zijn belofte om hem te helpen. Deze keer zei de heilige: "O, u bent het weer. Ik ben het helemaal vergeten. Kunt u alstublieft opnieuw over vijftien dagen terugkomen, dan weet ik zeker dat ik iets kan doen om u te helpen." En dus ging de arme man weer weg.

Er gingen weer vijftien dagen voorbij en op de afgesproken dag ging hij weer naar de heilige om om hulp te vragen. Hij wachtte geduldig op zijn beurt en toen hij de heilige opnieuw benaderde, zei de heilige: "O, u bent het. Ik ben u weer vergeten. Het spijt me vreselijk. Ik heb echt helemaal niets om u aan te bieden. Alles wat ik heb zijn deze houten sandalen." Hij deed zijn houten sandalen uit en gaf ze aan de man. De oude man was diep bedroefd, maar ontving ze stil en keerde zich om om naar huis te gaan.

Toen hij wegliep, dacht hij verdrietig bij zichzelf: "O God, ik wilde alleen maar wat hulp voor het huwelijk van mijn dochter, en kijk nu wat deze heilige me gegeven heeft: een paar oude houten sandalen. Maar het was mijn eigen fout. Ik had hem niet lastig moeten vallen met mijn verlangens. Hij heeft niet eens iets voor zichzelf. Wat kon hij dus aan mij geven? Is het mijn lot om armoe te lijden?"

Terwijl hij in stilte tranen stortte, begon hij naar zijn dorp te lopen met de houten sandalen tegen zijn hart gedrukt.

Op dat moment kwam een zeer welgesteld man, die een van de meest toegewijde leerlingen van de heilige was, uit een andere stad. Hij verhuisde al zijn zaken en zijn rijkdom om aan de voeten van deze grote heilige te gaan wonen. Hij reisde op een olifant vergezeld van een zwerm kamelen, die met al zijn voorouderlijke rijkdom beladen waren.

Toen ze bij de stad kwamen, bespeurde hij plotseling de geur van zijn guru in de lucht. Hij kon de goddelijke aanwezigheid dichtbij voelen. Daarom liet hij zijn olifant stoppen en snoof de lucht op. Hij vroeg de mensen die met hem meereisden: "Ruiken jullie deze geur? Waar komt die vandaan?" Zijn vrienden zeiden dat ze niets bijzonders roken, maar de man hield vol: "Echt, ik heb het gevoel dat mijn meester ergens in de buurt is. Ik voel zijn goddelijke essentie."

Hij keek rond en zag niemand behalve een oude man in de verte die langzaam naar hem toe liep. Hij zei iemand dat hij de oude man moest roepen. Naarmate de oude man dichterbij kwam, werd de geur sterker en sterker. Hij vroeg de oude man: "Waar komt u vandaan? Waar gaat u heen? Wat heeft u bij zich?"

De oude man vertelde zijn droeve verhaal en zei: "Ik heb die arme heilige, die niets heeft, lastiggevallen. Alles wat hij mij kon geven waren zijn houten sandalen." De leerling werd erg opgewonden: "Draagt u de sandalen van mijn guru? Ik moet ze hebben. Wat wilt u in ruil daarvoor hebben?"

De oude man stond versteld en zei: "Ik wou alleen maar wat hulp om mijn dochter te laten trouwen." De leerling antwoordde meteen: "Neem al deze kamelen die beladen zijn met mijn rijkdom en geef me onmiddellijk de sandalen van mijn guru. Zij zijn de echte rijkdom die ik wil!"

De oude man antwoordde: "Maar ik heb niets meer nodig dan wat genoeg is voor het huwelijk van mijn dochter."

Toch drong de leerling aan: "Nee, u moet het allemaal nemen. Ik wil u niets minder geven voor de sandalen van mijn guru."

De oude man overhandigde de sandalen en de leerling plaatste ze op zijn hoofd en danste in extase. Hij rende blootsvoets naar het verblijf van zijn meester, die hem al leek te verwachten. De leerling knielde voor de voeten van zijn guru en plaatste de slippers zachtjes eronder. De oude heilige vroeg hem glimlachend: "Hoeveel heb je ervoor betaald?"

Met tranen in zijn ogen zei hij: "Meester, alles wat ik had, al mijn rijkdom heb ik weggegeven om ze te krijgen."

De guru antwoordde: "Dan nog heb je ze heel, heel goedkoop gekregen."

Terwijl wij alleen dromen over wat we in het leven kunnen krijgen, dromen perfecte meesters als Amma alleen over wat ze aan de wereld kunnen geven. Amma's enige verlangen is de wereld te vullen met liefde tot het moment van Haar laatste adem.

Volgens Amma betekent echte overgave begrip van de aard van de wereld en zijn objecten en in overeenstemming daarmee leven. Mensen kunnen bang worden wanneer ze het woord 'overgave' horen. Daarom suggereert Ze dat we liever het woord 'accepteren' gebruiken.

Op een dag was een kleine groep mensen met Amma aan het wandelen. Ze zagen de afgeworpen huid van een slang als een lint naast het pad liggen. Een jongen vroeg Amma: "Waarom moeten slangen hun huid verliezen?" Haar antwoord was vol wijsheid: "Als slangen hun huid niet afwerpen, kunnen ze niet groeien. Ze zouden in hun oude huid stikken. Zoon, jij moet je oude huid ook afwerpen om te groeien."

In het spirituele leven bestaat geen achteruitgang. De spirituele vooruitgang die we in het leven boeken, blijft altijd. Als we onze oefeningen staken en dan na lange tijd weer beginnen, gaan we verder vanaf het niveau dat we bereikt hadden. Het is als een spaarrekening, waarop het totaalbedrag toeneemt als we geld bijstorten, maar het kan nooit afnemen of vernietigd worden. Onze poging om te sparen gaat nooit verloren en we

kunnen altijd opnieuw vanaf dat punt starten. We moeten het geduld ontwikkelen om ons steeds meer in te spannen in de juiste richting om de Waarheid te ervaren.

Een perfecte meester leert ons alles te accepteren wat in het leven gebeurt. Hij helpt ons dankbaar te zijn voor zowel het goede als het slechte, het juiste en verkeerde, vriend en vijand, voor hen die ons benadelen en hen die ons helpen, voor hen die ons opsluiten en hen die ons uit de kooi loslaten. De meester doet ons het donkere verleden en de stralende toekomst vol dui-zenden beloftes vergeten. De meester laat ons het leven leiden in het huidige moment in al zijn volheid. Hij laat ons weten dat de hele schepping – alles, iedereen, zelfs onze vijand – ons helpt ons te ontwikkelen en perfectie te bereiken.

Alle vooraanstaande mensen hebben in hun leven ont-zettende ontberingen ondervonden. Galilei was een van de bekendste astrologen ter wereld. Hij werd blind, maar zelfs in zijn donkerste uren kon hij nog zeggen: "Omdat het God behaagt, zal het ook mij behagen." Hij was zo vol overgave dat hij met zijn wetenschappelijke experimenten doorging, zelfs toen hij blind geworden was.

Albert Einstein had een leerstoornis en begon pas op drie-jarige leeftijd te praten. Op school vond hij wiskunde een zware beproeving, maar hij overwon deze hindernis en werd een van de grootste wiskundigen ter wereld.

George Washington had ook een leerstoornis en had geen talent voor schrijfvaardigheid of spraakvaardigheid. Ondanks dit onmiskenbare struikelblok overwon hij toch zijn zwak-heden en werd een van de grootste persoonlijkheden in de geschiedenis.

In onze tijd heeft de wetenschapper Stephen Hawking het klaargespeeld om de meest populaire wetenschappelijke literatuur die de wereld ooit gezien heeft, te produceren ondanks ongelooflijke lichamelijke beperkingen. Door een slopende ziekte zit hij altijd in een rolstoel en kan hij niet spreken of schrijven. Hoewel zijn lichaam zich in deze toestand bevindt, graaft hij diep om de mysteries van het universum te ontsluieren en heeft hij wetenschappelijke literatuur geschreven die tot de meest populaire behoort die nu gebruikt wordt.

Ieder van ons zal moeilijkheden op het spirituele pad tegenkomen. Iemand vroeg Amma eens: "Hoe moeten we in slechte tijden ons vertrouwen versterken?" Amma antwoordde:

Als je echt vertrouwen hebt, zul je het niet verliezen. Alleen wij putten voordeel uit ons vertrouwen in God. God heeft niets te verliezen. Wanneer we door moeilijke tijden gaan, moeten we ons stevig aan Gods voeten vasthouden. Wanneer we van God houden, moeten we geen verwachtingen hebben. Alleen door overgave zullen we God kunnen ervaren. We moeten diep naar binnen gaan. We moeten de gedachten in onze geest begrijpen en zien waar ze ons heen leiden.

Als we spirituele principes in ons leven aannemen, zullen we met alle situaties in ons leven waarmee we geconfronteerd worden, op een positieve manier om kunnen gaan. Door de uitdagingen aan te durven zullen we de kracht ontwikkelen om iedere beproeving te doorstaan.

Op een zekere dag kwam een gedeeltelijk dove, vier jaar oude jongen thuis met in zijn zak een briefje van zijn leraar: "Uw Tommy is te stom om te leren. Haal hem van school af." Zijn moeder las de harteloze brief en antwoordde de leraar: "Hij is niet te stom om te leren. Ik zal hem zelf onderwijzen." Ze haalde hem onmiddellijk van school en onderwees hem thuis zelf met geduld en discipline. Die jonge jongen, van wie men dacht dat hij niet kon leren, groeide op met slechts drie maanden formeel onderwijs. Zijn volledige naam is Thomas Alva Edison.

Wanneer de guru iets zegt, moeten we begrijpen dat het voor ons eigen bestwil is. Soms denken we misschien dat het niet logisch klinkt of niet echt zinvol is, omdat het onbelangrijk lijkt of nergens op slaat. Als Amma ons instrueert met spiritueel advies of bepaalde waarschuwingen, moeten we niet vergeten dat het misschien niet vandaag, maar wel morgen betekenis kan hebben.

Amma vertelde ons een keer over een man van wie Ze dacht dat hij een hartprobleem had. Ze stelde voor dat hij zich door een dokter liet controleren, maar hij weigerde omdat hij vond dat er niets mis was met hem. Zes maanden later stierf hij aan een hartaanval.

Bij een andere gelegenheid adviseerde Amma een man dat hij zijn hart moest laten controleren. Hij vertelde haar dat hij dat al in Engeland had laten doen en dat de dokters niets hadden gevonden. Toch stond Amma erop dat hij zijn hart opnieuw liet controleren. Dat deed hij en deze keer vonden ze een drievoudig hartblok. Wanneer Amma iets zegt, heeft het altijd een reden.

De woorden van een mahatma komen altijd uit. Dit is in mijn leven vele malen bewezen. Vroeger hield Amma de keuken altijd goed in de gaten, omdat Ze wist dat het de plaats was die ons het meest dierbaar was. Ze had me gezegd dat zelfs ik op een dag in de keuken zou moeten werken. Wel, die dag is echt gekomen. Alle ashrambewoners wilden Amma gaan zien in Kodungallur, waar Ze de eerste *Brahmasthanamtempel* geïnstalleerd had. Daarom was iedereen erop gebrand om aanwezig te zijn. Het meisje dat gewoonlijk het ashrameten voor iedereen kookte, wilde ook naar dit programma. Daarom bood ik me als vrijwilliger aan om haar kooktaak voor één dag over te nemen, zodat ze vrij was om te gaan. Ik had nooit eerder Indiaas eten gekookt, maar het me leek heel gemakkelijk. Het menu bestond uit rijst, spinazie en *pulisheri*.

Ik begon enthousiast, maar ontdekte verbaasd hoeveel spinazie er gesneden en gekookt moest worden om één portie te krijgen, omdat de hele massa door het koken tot bijna niets slonk. Ik moest veel meer tijd besteden aan het snijden van de spinazie dan ik gedacht had. De pulisheri was niet zo moeilijk, maar ik speelde het niet klaar voor iedereen genoeg rijst te koken. Ik moest die dag uiteindelijk vier keer rijst koken om alle hongerige bouwvakkers en de bewoners te eten te geven. Op een gegeven moment was mijn derde partij rijst gaar en klaar om af te gieten. Een *brahmachari* wilde me helpen om die uit de grote stoompan te gieten. Hij begon de rijst uit de grote pot te gieten, totdat hij hem plotseling te heet vond om vast te houden. Hij gilde het uit in paniek toen hij zijn arm aan het hete metaal verbrandde, waarna hij de hele pot rijst op de grond en in de afvoer liet vallen. Ik had geen medelijden met hem, joeg hem de keuken uit en verbood hem om weer binnen te komen om me te helpen. Met tegenzin begon ik aan het koken van de volgende partij rijst, nadat ik gered had wat er te redden viel.

Nu ik het middagmaal overleefd had, scheen het uitdelen van het avondeten veel makkelijker. Een volgeling had de ashram wat eten gegeven dat ze thuis gekookt had. Maar er waren verscheidene mensen bijgekomen en opnieuw bleek er niet helemaal genoeg voedsel voor iedereen te zijn.

Een Westers meisje hielp me met het uitdelen van het voedsel en zag aankomen dat er niet genoeg voor iedereen was. Ze stond erop dat wij eerst ons deel namen. Ik zei haar dat we dat niet konden doen, omdat de koks altijd het laatst horen te komen en alleen eten konden nemen als er voldoende over was.

Er bleek inderdaad niet genoeg te zijn en zij was er niet blij mee dat ik erop aangedrongen had dat wij het laatst zouden eten. Uiteindelijk moesten we honger lijden. Later schreef ze me een brief waarin ze me bedankte dat ik haar die dag een les geleerd had, die ze pas later was gaan waarderen. Ik hoef niet te zeggen dat ik opgetogen was toen de kok terugkwam om haar werk in de keuken te hervatten. Ik denk dat de anderen ook allemaal opgelucht waren.

Wel, Amma's woorden waren uitgekomen. Ze had gezegd dat ik op een dag het eten zou moeten koken en gelukkig voor iedereen was het slechts één dag.

Hoofdstuk 4

Een brug naar de vrijheid

Net toen de rups dacht dat de wereld voorbij was,
werd hij een prachtige vlinder.
Edward Teller

Men zegt dat de spirituele meester naar ons zal komen wanneer het daarvoor de juiste tijd is. We hoeven er niet naar een op zoek te gaan. Wanneer we klaar zijn voor spirituele leiding, verschijnt de meester in ons leven. Voor iedereen is de eerste ontmoeting speciaal en uniek.

Er zijn veel interessante verhalen over hoe mensen Amma voor de eerste keer ontmoet hebben. Ik heb over een man gehoord die langs het gebouw in Sydney, Australië, liep, waar Amma's programma gehouden werd. Hij zag de schoenen allemaal keurig op een rij en dacht dat er een schoenenuitverkoop was. Daarom ging hij het gebouw in om een paar schoenen te passen en te kopen. Toen hij erachter kwam dat het geen schoenenuitverkoop was, was hij een beetje teleurgesteld. Hij nam een folder over Amma, stopte die in zijn zak en vertrok.

Later die dag wilde zijn vrouw zijn kleren wassen. Voordat ze die in de wasmachine stopte, controleerde ze eerst zijn zakken. Ze vond de folder over Amma, las die en werd toen zo nieuwsgierig dat ze besloot naar Haar toe te gaan. Ze ging naar het programma en werd vanaf dat moment een volgeling.

Een andere man bracht zijn vriend mee naar Amma. Ze waren allebei leerlingen van Niem Karoli Baba die vele jaren geleden overleden was. Na de darshan vroeg de man aan zijn vriend: "Wat vind je van Amma?" De vriend antwoordde: "Wel, ze is oké, maar Ze is niet als onze oude meester." Ze gingen tussen de menigte zitten in de buurt van Amma. Op dat moment pakte Amma een banaan en wierp die naar hen. Dit was precies hetzelfde wat hun oude meester placht te doen. De mening van deze persoon veranderde onmiddellijk.

Kortgeleden schreef een vrouw me een email waarin ze vertelde over haar oudere vrienden die ze overgehaald had met haar mee te gaan naar Amma. Deze mensen hadden met tegenzin ingestemd naar het programma te gaan, maar waren later uitermate dankbaar. Tijdens de thee hadden ze besproken wat ze aan hun ontmoeting met Amma gehad hadden. De man, die 89 was, zei dat hij in Amma gevonden had, waar hij zijn hele leven naar gezocht had: echte liefde. En zijn zeventigjarige vrouw gaf toe dat ze eindelijk een gevoel van vrede en voldoening in haar leven gevonden had. Ze was Amma's meditatietechniek gaan beoefenen en verklaarde trots dat ze nooit een dag overgeslagen had sinds ze het geleerd had.

In New York vertelde een vrouw het verhaal hoe ze over Amma gehoord had. Ze had een dakloze man ontmoet die er enthousiast op aandrong dat ze naar Amma moest gaan om Haar darshan te ontvangen. Het enige bezit van de dakloze was zijn gitaar geweest en die was gestolen, wat hem erg verdrietig maakte. Hij ging naar Amma, vertrouwde Haar zijn verdriet toe en kreeg verbazingwekkend genoeg zijn gitaar terug. Hij was vol lof over Amma en vertelde de mensen hoe geweldig Ze was.

Waar ter wereld Amma ook heen gaat, Ze legt contact om het hart van de mensen te openen. Ze dwingt nooit iemand om naar Haar toe te komen, maar de mensen worden spontaan aangetrokken. Na een tijdje ontdekken ze misschien dat de warmte van liefde in hen begint te groeien.

Bij een programma in New York begonnen alle grote, ruw uitziende uitsmijters die in de darshanzaal werkten, er een beetje sympathieker uit te zien naarmate het programma vorderde. Op de laatste dag drong een van hen, die in een stoel naar Amma zat te kijken, erop aan: "Jullie moeten je baas vertellen dat Ze nog minstens een week moet blijven. We hebben Haar hier echt nodig."

In Los Angeles sprak een veiligheidsagent van het hotel op de laatste dag van het programma met mij. Hij had een beetje betraande ogen en zei: "Ik ga jullie echt missen, wanneer jullie vertrekken. Geef me een omhelzing." Omdat ik een kloosterling ben, ontweek ik hem snel door te antwoorden dat wij het ook misten om hier te zijn, maar dat ik niet degene was die de omhelzingen gaf.

Ieder jaar voor de Amerikaanse tournee geeft Amma gewoonlijk aan alle bewoners in Amritapuri een persoonlijke darshan in Haar kamer. Bij deze ontmoeting krijgen de mensen de kans om persoonlijk met Amma te praten. Voor de meeste mensen is het het hoogtepunt van het jaar om alleen bij Amma te zitten en te praten over wat ze maar willen, ook al is het maar een paar minuten. Ze verlangen naar deze gelegenheid om bij Amma te zijn.

In 2006 betwijfelde ik of Amma deze persoonlijke gesprekken met de ashrambewoners kon voeren. Dat jaar brachten we negen van de twaalf maanden door met reizen. We reisden van

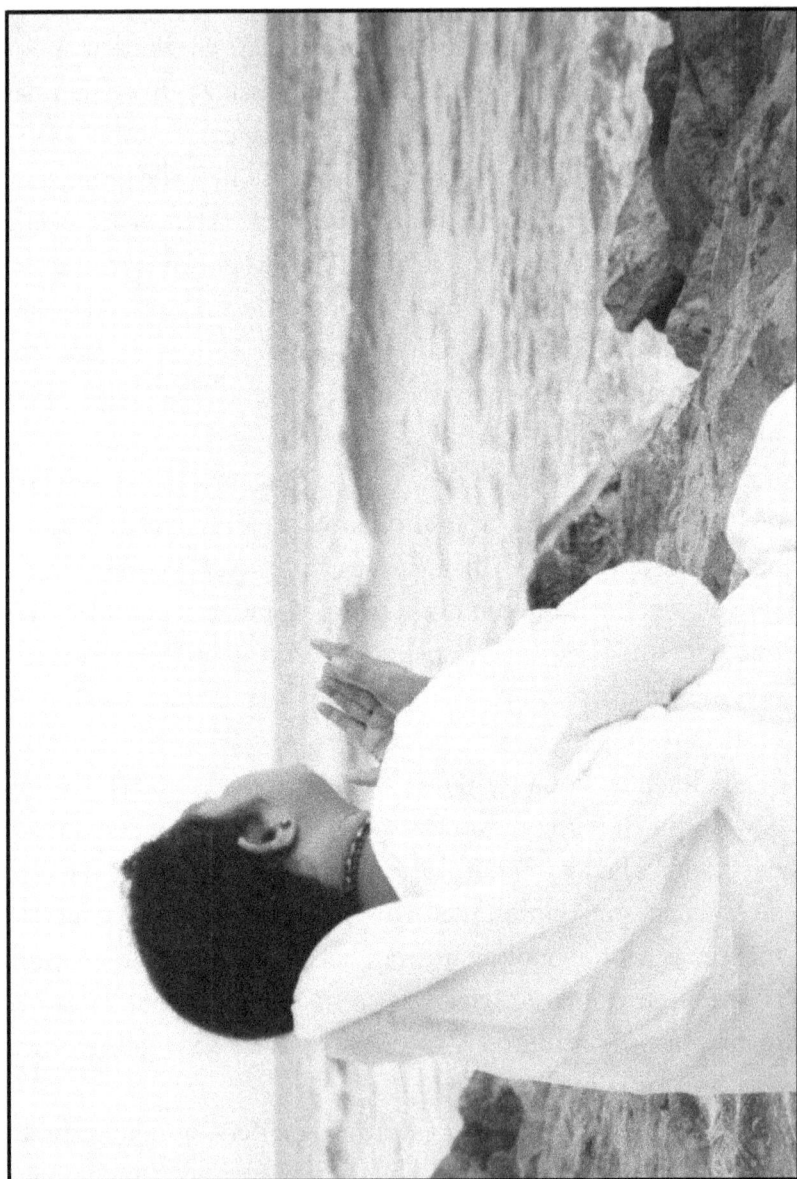

de zuidelijke punt van India naar het noorden, waarbij we twee maanden lang over hobbelige wegen reden in een karavaan van zeven bussen en verschillende andere voertuigen. Daarna reisden we van Noord-India naar Australië, Singapore en Maleisië. We keerden in de ashram terug slechts drie dagen voordat we naar New York gingen voor een evenement van twee dagen. Op dezelfde avond dat we in India terugkeerden, leidde Amma een groot openbaar programma. Sommige mensen kunnen zich zorgen maken over een jetlag, maar wij hebben zelfs de tijd niet om hieraan te denken!

Daarna gingen we verder op een andere rondreis met programma's door heel Zuid-India. Amma was slechts een paar dagen in de Amritapuri-ashram voordat Ze voor de Amerikaanse tournee vertrok. Uiteindelijk brachten we slechts twee weken in de eerste helft van het jaar in de ashram door.

Door ons drukke reisschema waren we zo lang weg uit de ashram, dat ik me niet voor kon stellen hoe Amma al die persoonlijke darshans in Haar kamer in slechts vier dagen kon geven. Omdat er meer dan 3000 bewoners in de ashram zijn, leek het mij onmogelijk dat Ze de tijd zou hebben om iedereen te zien. Dus was ik ervan overtuigd dat Ze deze darshans uit zou stellen. Als mensen het me vroegen, antwoordde ik dat ze niet moesten verwachten Amma persoonlijk te zien. Misschien later in het jaar. Hoe was het mogelijk iedereen binnen een paar dagen te zien? Maar het eerstvolgende wat ik hoorde was dat Amma al met de kamerdarshans was begonnen.

Op Haar eigen karakteristieke manier begon Ze laat in de nacht met de darshans, nadat Ze van een openbaar programma was teruggekeerd, waar Ze aan minstens 100.000 mensen darshan had gegeven.

Ze bleef de hele nacht op om iedereen persoonlijk te zien. Amma is eraan gewend de hele nacht op te blijven, maar dit was iets wat Ze in Haar vrije tijd deed. Nadat Ze alle bewoners ontmoet had, speelde Amma het ook nog klaar om darshan te geven aan degenen die in verschillende plaatselijke ashrams verblijven, mensen die op Haar scholen werken en aan vele toegewijden die in het AIMS-ziekenhuis en andere instellingen werken.

Als klap op de vuurpijl hoorde ik tot mijn schrik dat Amma plotseling een openbare darshandag had aangekondigd op de dag voordat we voor de Amerikaanse tournee zouden vertrekken. Als je duizenden mensen op een dag uitnodigt, is het heel moeilijk hen meteen te laten vertrekken. Ik dacht dat dit echt te veel was, maar Amma was blij dat Ze weer de kans had om het absolute maximum te geven. Op wat een rustdag voor het reizen hoorde te zijn, zat Ze vijftien uur aan één stuk darshan te geven. Het programma was vroeg in de ochtend afgelopen en we vertrokken diezelfde dag 's middags naar het vliegveld. Zoals gewoonlijk, waar we ook heen gaan, was er weer een darshansessie op het vliegveld.

Terwijl sommigen van ons eindelijk wat rust inhaalden toen we onderweg Sri Lanka aandeden, bracht Amma de meeste tijd door met de brahmachari's die daar tsunamihuizen bouwden. Amma gaf hun leiding bij het werk en gaf hun de kans tijd bij Haar door te brengen zoals iedereen net gedaan had. Het verbaast mij dat Amma toch doorgaat zoveel van zichzelf aan iedereen te geven, zoveel als Ze maar kan, hoe druk haar programma ook is.

Op weg naar Amerika hadden we een programma van drie dagen in Japan. Amma zei verscheidene malen dat Ze zo moe was en dat Ze niet begreep waarom. Zelf had ik wel een duidelijk idee waarom Ze zich uitgeput voelde.

Nadat ik met een van de vrouwen gesproken had die van Amerika naar Japan gevlogen was om het programma bij te wonen, had ik plotseling een schitterend idee. Deze vrouw vertelde me dat ze gezien had dat de comfortabele stoelen in de eerste klas van het vliegtuig helemaal horizontaal gezet konden worden. Omdat ik wist dat Amma nooit echt goed in een vliegtuig kon slapen, dacht ik dat we onze frequent flier miles konden gebruiken om eerste klas te reizen, zodat Ze wat rust in kon halen. De paar mensen aan wie ik dit vertelde, zeiden dat het een geweldig idee was. Daarom gingen we door met het plan en bevorderden drie stoelen naar de eerste klas.

Ik had een aantal excuses bij de hand om deze verbetering te rechtvaardigen. We hadden nooit de mogelijkheid om de punten te gebruiken, we hadden de toestemming voor extra bagage nodig en Amma kon goed uitrusten tijdens de vlucht. Toen ik naar Amma ging om Haar het goede nieuws over wat ik geregeld had, tactvol te vertellen, gaf Amma duidelijk Haar reactie over deze verandering in een paar woorden weer. Ze antwoordde vastberaden: "Amma gaat dat vliegtuig niet in, als Ze in de eerste klas zit."

Ik geef het niet graag toe, maar toen ik na mijn aanvankelijke schok bij Amma wegliep, kwam er een paar seconden lang een klein stemmetje in mij op dat zei: "Wel, laten we maar eens kijken wiens wil het sterkst is." Het was werkelijk een dwaze gedachte, als je in aanmerking neemt dat ik met Amma van doen had.

Ik bracht verslag uit aan de persoon die onze reizen boekte en bracht Amma's boodschap over. Omdat het 's avonds laat was en we de volgende middag zouden vertrekken, besloten we dat het te laat was om op dat moment iets te doen en dat we daarom moesten wachten tot onze aankomst op het vliegveld de volgende dag. We dachten dat Amma niet meende wat Ze gezegd had en hoopten heimelijk dat het te laat zou zijn om het weer te veranderen en we voor deze vlucht wel comfortabel in de eerste klas gestopt moesten worden.

Toen we de volgende dag op het vliegveld aankwamen, ging ik naar de balie voor de incheckprocedure in de hoop dat Amma alles van de vorige nacht vergeten was. We hadden alle grote, zware koffers op een rij, klaar om in te checken. Ik ging naar Amma die een laatste darshan aan de toegewijden gaf, en vroeg Haar naar de balie te komen zodat we de procedure konden afronden.

Amma herinnerde me er met nadruk aan dat Ze niet in het vliegtuig zou stappen als Ze eerste klas reisde. Ik begon een beetje te zweten toen ik de problemen zag waar ik nu in zat. Maar ik zag een paar zeer gelukkige toegewijden die in de Japanse ashram verbleven. Ze waren opgewonden bij de gedachte dat Amma nog een tijdje bij hen zou blijven. Ik rende naar de balie terug om bij de dame te pleiten of we nu weer een klasse lager konden reizen omdat ik een grote fout gemaakt had. Ik was bang dat de volgelingen in Amerika me zouden vermoorden als Amma niet op tijd voor het eerste programma verscheen.

Gelukkig konden we een klas lager reizen. Ik haastte me terug naar Amma om Haar te vertellen dat we niet meer in de eerste klas zaten en of Ze dus alstublieft naar de balie kon komen om in te checken. Amma stemde minzaam in en liep naar de balie.

Een half uur later legde Amma me rustig uit dat Ze ons een voorbeeld moest geven. Als Zij in luxe zou reizen, zouden andere mensen in de ashram die haar als voorbeeld zien, dit ook willen doen. De manier waarop Amma Haar leven leidt en handelt geeft ons altijd een volmaakt voorbeeld.

Toen Amma door de pers geïnterviewd werd, werd Haar deze vraag gesteld: "Amma is zo succesvol geworden. Hoe doet Ze dat?"

Amma antwoordde: "Allereerst moet men een voorbeeld stellen. Als je op een erg oprechte manier een voorbeeld geeft, dan zullen anderen volgen. Maar je moet spontaan zijn."

Iemand deelde met mij enkele kostbare woorden die Amma tegen haar gezegd had, toen ze zich bedroefd voelde. Amma zei dat Ze soms met de auto reist om een paar dollars uit te sparen. Ze heeft zo veel lijden in Haar leven gezien. Ze zei dat Ze soms twintig uur op een dag darshan geeft, bij ons allen in de modder zit om te proberen ons eruit te trekken. We zijn als bloemen die met modder bedekt zijn en Zij maakt geduldig alle bloemen schoon. Sommige bloemen zijn erg mooi. Amma zei dit meisje dat ze een prachtige bloem was en dat Ze er veel tijd aan had besteed haar met grote zorg schoon te maken vanaf haar vroege jeugd. Ze had dit gedaan zodat ze een voorbeeld kon zijn en Amma's boodschap in de wereld kon uitdragen.

Amma zei dat deze bloemen erg kostbaar zijn, maar omdat ze hun waarde niet kennen of denken dat ze waardeloos zijn, werpen ze zich opnieuw in de modder. Amma haalt ons echter geduldig telkens weer uit de modder en probeert ons schoon te maken. Uit oneindig mededogen komt Amma om ons te verheffen en sterker te maken. Ze zou ervoor kunnen kiezen in een verheven staat van gelukzaligheid te blijven, maar Ze wil zich liever opofferen ter wille van de mensheid.

Hoofdstuk 5

Nederigheid in eenvoud

Als je begint te denken dat je iemand met veel invloed bent, probeer dan de hond van iemand anders te commanderen.

Internet spreekwoord

Tijdens de Amritavarsham50 vieringen in 2003 in Cochin waren er vier dagen lang evenementen. Op de laatste dag, net voor het belangrijkste evenement, liepen we het podium op en keek Amma naar de stoel die prachtig voor Haar versierd was. Ze zei tegen me: "Verwijder het doek." Het stond haar niet aan omdat er wat gouden borduurwerk aan de randjes zat. Ze vond het overdreven. Bij talloze gelegenheden heeft Amma benadrukt dat Ze er de voorkeur aan geeft dat er eenvoudige stof voor Haar gebruikt wordt, omdat het geld bespaart en ook het voorbeeld van eenvoud aan anderen geeft. Omdat er honderdduizenden mensen naar me keken, schrok ik van de gedachte dat ik de stoel zou moeten afbreken en binnen een paar seconden ook nog een eenvoudige doek moest zien te vinden.

"Amma, alstublieft, er zit maar een klein beetje goud aan de randen!" smeekte ik.

Gelukkig besefte Amma vol mededogen de situatie waarin ik me zou bevinden als ik op het laatste nippertje zou moeten

57

proberen iets anders te vinden om de stoel mee te bedekken. Daarom stemde ze er met tegenzin mee in om op de stoel te zitten. Ik was erg opgelucht. Waar we ook zijn of in welke situatie we ons ook bevinden, Amma volhardt erin Haar onderricht heel duidelijk te maken door Haar persoonlijk voorbeeld.

Nederigheid is de eigenschap die we het meest nodig hebben om vrede en harmonie in de wereld te vinden. Alleen wanneer we van binnen nederig worden, kan er van buiten harmonie zijn. De oorlogen en het geweld die we vandaag de dag zien, zijn allemaal in de geest begonnen. Er komt een gedachte in de geest op en die wordt later in daden omgezet. Die daad kan zich uitbreiden en een ongelooflijke hoeveelheid geweld veroorzaken. Voordat we alle negativiteit in ons kunnen verwijderen en voordat we echt meedogend kunnen worden, moeten we eerst een nederige houding hebben.

Het ego volgt ons als een schaduw, maar wanneer ons voorhoofd op de grond rust, is er geen schaduw. Nederigheid is het zwaard dat het ego, de zelfzucht in ons, kan neersabelen. We kunnen niet helemaal van het ego afkomen. Het bestaat in iedereen. Maar als we met een onschuldige houding moeite doen, zal er zeker goddelijke genade naar ons stromen en kan iets van het ego worden weggespoeld.

We kunnen het ego niet in ons eentje vernietigen. We hebben de leiding van een spirituele meester nodig om de nederigheid te verkrijgen die nodig is om het ego en de vasana's te overschrijden. Als we de juiste kijk hebben, kan genade van de meester naar ons stromen om ons te helpen onze vasana's te overwinnen, waar ter wereld we ook zijn. We hoeven niet per se in hun fysieke aanwezigheid te zijn om deze genade te ervaren.

Wanneer ons ego begint te smelten, worden we nederig. Deze nederigheid stelt ons in staat genade te ontvangen. We zullen dan de diepere betekenis achter iedere handeling en ieder woord van de guru begrijpen. Daarom zegt Amma dat we nederigheid nodig hebben. Vanuit het perspectief van een beginner moeten we de diepere betekenis achter wat de guru zegt en doet begrijpen.

De grootste mensen in deze wereld zijn altijd de nederigste en eenvoudigste geweest. Er is research gedaan naar de meest succesvolle ondernemingen en de managers die deze ondernemingen naar topposities in de zakenwereld geleid hebben. Tegen alle verwachtingen in vond men dat de meest succesrijke managers erg stil en gereserveerd waren, vaak zelfs verlegen. Ze waren niet egoïstisch, maar oprechte, gewone mensen die buitengewoon hard werkten.

Toen de leiders van minder succesvolle ondernemingen met hen vergeleken werden, bleek dat de meesten van hen een enorm ego hadden. De leiders van de kleinere ondernemingen eisten alle eer voor ieder succes op, maar gaven anderen de schuld als hun onderneming het er slecht vanaf bracht.

De nederige leiders waren altijd bereid hun goede geluk aan andere factoren dan zichzelf toe te schrijven en als de zaken niet zo goed gingen, namen zij de volledige verantwoordelijkheid voor de fouten.

Amma is een van de grootste voorbeelden van de triomf van nederigheid geworden. Ze heeft een eenvoudige achtergrond met weinig formeel onderwijs, maar is een van de grootste topmanagers in de wereld geworden, een mondiaal erkende leider van een steeds groter wordende dienstverlenende organisatie. Ze is de topmanager, die duizenden mensen leidt bij humanitair werk, met zeer veel mededogen, nederigheid, geduld en oprechtheid. Ze heeft er geen behoefte aan gewaardeerd of gefeliciteerd te worden met Haar prestaties, maar verlangt er alleen naar de mensheid te dienen, pijn te verlichten, de armen te helpen en ons allemaal te inspireren een goed leven te leiden.

Men heeft Amma vaak gevraagd of Ze er ooit over dacht in de politiek te gaan. Gewoonlijk lacht Ze en antwoordt dat Ze niet het verlangen heeft aan het hoofd van iets te staan. Ze wil alleen de veger zijn die onze geest schoonveegt, lijden en armoe wegneemt en de wereld dient. Terwijl de meesten van ons bezig zijn vooruit te komen, herinnert Amma ons aan het belang van nederigheid. Haar pretentieloze aard is zo authentiek, dat we geïnspireerd worden mee te doen met vegen en op te houden met carrière maken.

Amma vindt een taak nooit beneden Haar stand. Haar overweldigende nederigheid maakt dat Ze vaak de eerste is om mee te doen met werk dat anderen met tegenzin doen.

Na een programma van twee dagen in Durgapur in 2004 verlieten we de plaats van het programma om per auto naar Calcutta te reizen. Amma vroeg een brahmachari of de plaats van de bijeenkomst schoongemaakt was. Hij zei van wel, maar toen we wegreden, merkte Amma op dat er nog heel veel borden van bladeren en ook papieren op de grond lagen. Ze liet de auto stoppen, stapte uit en begon de troep op te ruimen. Natuurlijk inspireerde dit snel de vijfhonderd mensen die op de tournee meereisden, om mee te doen. Met ieders hulp was het terrein snel opgeruimd en het vuilnis werd vlug verbrand. Amma is nooit huiverig om mensen tot de juiste actie aan te zetten wanneer dat nodig is.

Zeer onlangs, in 2007, stond Amma aan het eind van een programma in Tamil Nadu erop dat de mensen die met Haar meereisden, het terrein schoonmaakten en hielpen bij het afbreken van de tijdelijke constructies die speciaal voor het programma gebouwd waren. De toegewijden deden dit met plezier en waren volkomen verrast toen de politie die voor het programma in functie was, ook meehielp. Het was verbazingwekkend om te zien. Amma heeft het vermogen iedereen te inspireren iets goeds te doen, wie het ook is.

De politie had nooit eerder met ons werk meegedaan, maar deze agenten waren zo diep door Amma geraakt en onder de indruk van hoe hard iedereen werkte, dat ze ook wilden helpen. We zien politieagenten vaak als mensen die erg van ons verschillen, omdat ze een heel andere rol moeten spelen. Maar bij Amma verdwijnen alle verschillen en gaan op in Haar moederlijke liefde.

Aan het einde van een openbaar programma in Chennai volgden twee politieagentes Amma naar een huisbezoek. Ze vroegen Amma of ze persoonlijk een paar minuten met Haar konden spreken. Een van hen begon haar hart bij Amma uit te storten. Langzaam kwamen er tranen in haar ogen. Ze vertelde het trieste verhaal dat ze een keer zwanger was geweest en toen een miskraam had gehad. Ze werd weer zwanger, maar werd in de vijfde maand van achteren door een bus aangereden en had weer een miskraam. Nu had ze problemen bij het zwanger worden en ze wilde dat Amma haar zegende. Amma veegde de tranen van de vrouw zachtjes weg en toen die van Haarzelf en beloofde voor haar een *sankalpa* te maken.

Toen was de tweede politievrouw aan de beurt om haar problemen aan Amma te vertellen. Ze had veel gezinsproblemen,

onder andere dat haar man haar vaak sloeg. Ze was zo bedroefd en gedeprimeerd dat ze zelfmoord overwoog. Amma omhelsde haar en liet haar beloven dat ze dit nooit zou doen. Ze gaf haar advies om met de situatie om te gaan. Toen de twee agentes klaar waren met hun gesprek met Amma, droogden beiden hun tranen met een zakdoek af, deden een paar stappen terug en lieten de volgende mensen de kamer in komen om hun problemen te vertellen. Na een paar diepe ademhalingen om weer controle over hun emoties te krijgen verlieten de politie-agentes de kamer.

Toen we het huis verlieten, pakte een van de vrouwen me bij de arm en bedankte me stilletjes en zeer hartelijk. Ik had niets gedaan. Ik stond alleen dicht bij Amma, de stille getuige in het kielzog van Haar overstromende, meedogende liefde. Nadat ik deze vrouwen en de politie die eerder bij het opruimen had geholpen, had gezien, veranderde mijn kijk op de politie. Ik zag ze niet meer alleen maar als een uniform. Ik begreep nu dat ze mensen waren die de liefde van een moeder willen en nodig hebben en iemand om hun problemen aan toe te vertrouwen, net als wij allemaal.

Hoewel Amma niets in deze wereld te winnen heeft en niemand ooit Haar recht om rust te nemen in twijfel trekt, is Ze altijd actief. Wanneer Ze geen darshan geeft, leest Ze het grootste deel van de dag de brieven die Ze krijgt. In Haar vrije tijd geeft Ze leiding aan hen die het nodig hebben en aan de mensen die de instituten in Haar naam leiden.

Duizenden mensen in de hele wereld verrichten dienstverlenende activiteiten voor Amma. Hoewel ze het werk zeer enthousiast doen, hebben ze vaak geen ervaring bij het afhandelen van praktische zaken. Daarom moet Amma hun geregeld advies geven. Sommigen denken misschien dat Amma rust, wanneer ze geen programma's leidt of darshan geeft, maar Ze besteedt die tijd gewoonlijk aan ontmoetingen met mensen om hen te leiden bij de volgende stap of hun telefonisch aanwijzingen te geven. Zelden neemt Ze rust.

Wanneer we in India bij een programma aankomen, loop ik gewoonlijk vanaf de auto vlak naast Amma, omdat de menigtes erg opgewonden zijn en het goed is om Haar te beschermen. (Eigenlijk moet ik dicht bij Amma zijn, zodat Zij mij kan beschermen.) Het lijkt misschien alsof ik Amma vasthoud zodat Ze niet valt, maar in werkelijkheid is het omgekeerd. Ik houd Haar vast zodat ik niet val, zowel letterlijk als figuurlijk.

Op een avond kwamen we in Trivandrum aan voor een programma. Toegewijden hadden Amma enthousiast bloemenkransen omgehangen door de autoramen en we reden langzaam door de nauwe steeg op weg naar de Trivandrum ashram. De auto lag vol bloemenkransen. Toen we aankwamen, raapte Amma een paar bloemenkransen op die naast Haar voeten op de grond lagen en legde die op de stoel bij de andere. Toen verplaatste Ze ze allemaal samen. Ik keek toe hoe Ze ze herordende en vroeg me af wat Ze deed, omdat er een uitzinnige mensenmassa op Haar wachtte.

Toen ik de auto uitstapte, besefte ik eindelijk dat Amma ze opnieuw geordend had zodat ik ruimte had om over de zitplaats op te schuiven en achter Haar aan te komen. Ik had ze zelf heel gemakkelijk kunnen verplaatsen, maar Amma nam de tijd en moeite om de bloemenkransen voor mij te verplaatsen. Ik voelde me vernederd door Amma's attente gebaar. Het hoort zo te zijn dat de leerling de guru dient, maar bij Amma is het echt omgekeerd: Zij dient ons altijd.

Toen we uit de auto gestapt waren, liepen we over het pad waarlangs houten banken stonden met grote brandende olielampen erop. De mensen stonden achter de banken. Maar dit was niet zo'n goede opstelling, omdat de mensen zich naar voren duwden om zich te strekken om Amma aan te raken. Ze maande iedereen langs het hele pad om op te passen voor de olielampen en waarschuwde hen niet naar voren te stormen vanwege de gevaarlijke situatie. Ze nam de moeite ervoor te zorgen dat de mensen achter iedere olielamp zich niet konden branden en waarschuwde nadrukkelijk elkaar er niet per ongeluk in te duwen.

Aan het einde van de rij wachtte een grote drom mensen in het gebouw op Amma's aankomst. Door alle opwinding kon de toegewijde die de arati voor Amma hoorde te doen, de kamfer niet aansteken. Amma, de altijd behulpzame en attente moeder, nam geduldig de tijd om de kamfer zelf aan te steken, zodat de toegewijde de traditionele ceremonie af kon maken.

Amma let er altijd op of er voor iedereen gezorgd wordt. Als ze op een locatie verschijnt, kijkt Ze eerst rond om te zien of iedereen een redelijke plaats heeft om te zitten. Ze wil niet dat mensen in de regen of in de zon moeten zitten. Ze vraagt soms om hindernissen of mededelingenborden die het zicht van de mensen blokkeren, weg te halen. De mannen die filmen wordt vaak gevraagd te gaan zitten, zodat iedereen alles kan zien.

Amma laat de behoeften van anderen altijd op de eerste plaats komen. Aan het begin van een satsang biedt Ze soms Haar excuses aan omdat Ze niet voldoende plaats voor iedereen heeft om te zitten. In plaats van de grootheid van een wijs redenaar te tonen illustreert Amma de nooit eindigende stroom van een meedogende moeder.

Amma is in staat veel dingen tegelijk te doen. Zelfs als Ze de mensenmenigten tijdens de darshan ontvangt, richt Ze zich toch op de behoeften van degenen die wachten. Ze zorgt ervoor dat ze water krijgen en dat ze niet in de zon hoeven te staan als het verholpen kan worden. Ze kondigt ook vaak door de luidsprekers aan dat de mensen op hun juwelen en kostbaarheden moeten passen zodat er niets door dieven gestolen wordt die zich in de grote mensenmassa schuilhouden.

Praktisch zijn helpt ons om door moeilijkheden in het spirituele leven te komen. Amma leert ons dit door alledaagse voorbeelden. Op een keer gaf Amma iemand darshan, die ziek was en op het punt stond over te geven. Amma maakte dus het *prasad*bord naast Haar leeg en gaf het aan die persoon zodat hij daarin kon overgeven. Ze beschouwde het niet als te heilig, wat wij gedaan zouden hebben. Amma is altijd volkomen praktisch en denkt altijd aan anderen.

Een ware meester zal ons nooit vragen alles op te geven, maar leert ons om net genoeg te nemen voor onze eigen behoeften. Amma leert ons te delen en ons hart voor anderen te openen. Deze houding maakt ons meedogender en versnelt onze spirituele groei. Alle spirituele oefeningen zijn bedoeld om ons te helpen de liefde die in ons aanwezig is, wakker te maken. Zelfs mensen die geen traditionele spirituele oefeningen doen, maar geleerd hebben te delen, zullen door hun onzelfzuchtige houding wat rust ervaren.

Bij een bepaalde gelegenheid wachtten we in de lounge van een luchthaven totdat we konden instappen voor onze vlucht. Ik had Amma wat thee te drinken gegeven. Ze zei me toen dat ik de *swami's* thee moest geven, die in een andere ruimte wachtten. Ik zei dat iemand hun vast al thee had gegeven,

maar Amma stond erop dat ik het naar hen bracht. Ze wilde
bij mij de houding inprenten om in iedere situatie eerst aan
anderen te denken en dan aan mezelf. Amma denkt niet aan
Haar eigen behoeften. Hoe druk Ze het ook heeft, Ze denkt
voortdurend aan anderen. Haar hele leven is een offer, gewijd
aan het dienen van de wereld.

Er is een waar verhaal dat de waarde van rekening houden
met anderen illustreert. Een groep van zeventig wetenschappers
werkte iedere dag 12 tot 18 uur erg hard bij een raketlanceerin-
stallatie. Naarmate de lanceerdatum naderde, raakten ze steeds
gefrustreerder door de druk van hun intensieve programma.
Hun baas liet hen hard werken, maar ze waren allemaal erg
loyaal tegenover hem en dachten er nooit over hun werk op
te geven.

Op een morgen ging een van de wetenschappers naar zijn
baas en vertelde hem dat hij zijn kinderen beloofd had hen mee
te nemen naar een tentoonstelling die naar de stad gekomen
was. Hij vroeg toestemming het kantoor om halfzes te verlaten om dit te kunnen doen. Zijn baas stemde ermee in. De
wetenschapper begon met zijn werk en was de hele dag zeer
geconcentreerd bezig. Uiteindelijk keek hij op zijn horloge,
omdat hij dacht dat het ongeveer tijd was om te vertrekken en
was geschokt toen hij zag dat het al halfnegen was.

Teleurgesteld dat hij de mogelijkheid gemist had om met
zijn kinderen naar de tentoonstelling te gaan, zocht hij zijn
baas om te laten weten dat hij vertrok. Hij kon hem nergens
vinden. Hij voelde zich erg schuldig dat hij de kans gemist
had om bij zijn kinderen te zijn, waar zij zo verlangend naar
hadden uitgekeken.

Toen hij thuiskwam, was het heel rustig en zijn kinderen waren nergens te bekennen. Hij trof zijn vrouw aan in de keuken en benaderde haar erg behoedzaam, omdat hij dacht dat ze ontzettend kwaad op hem zou zijn. Tot zijn verbazing glimlachte ze vriendelijk. Hij durfde haar te vragen waar de kinderen waren. Toen was het haar beurt om verbaasd te zijn. Ze antwoordde dat zijn baas om kwart over vijf gekomen was en de kinderen meegenomen had naar de tentoonstelling.

De baas bleek om vijf uur naar het kantoor van de wetenschapper te zijn gekomen. Toen hij hem zo verdiept in zijn werk zag, wist hij dat het moeilijk voor hem was op dat moment op te houden. Omdat de baas vond dat de kinderen de tentoonstelling niet mochten missen, besloot hij om ze zelf daar naar toe te brengen. Het echtpaar was erg blij toen ze beseften wat een vriendelijke, voorkomende en uiterst intelligente baas de man had.

Deze gebeurtenis speelde af zich een paar jaar voordat de zorgzame baas de president van India werd: Dr. A.P.J. Abdul Kalam.

Het grootste deel van ons leven besteden we aan handelingen voor onszelf. We nemen heel zelden de tijd om aan anderen te denken. De meesten van ons zijn ons hele leven druk bezig, maar brengen zelden iets zinvols tot stand. Amma inspireert ons te proberen ons egoïsme te transcenderen en echt onbaatzuchtig te worden in gedachten en daden.

Hoofdstuk 6

Wat is echt geluk?

*Lof en blaam, winst en verlies, plezier en verdriet, ze
komen en gaan allemaal als de wind.
Om gelukkig te zijn moet je als een reusachtige boom
temidden van hen allemaal rusten.*

Boeddha

In een voorbije tijd zei de koning van Spanje eens: "Ik heb vijftig jaar met overwinningen en in vrede geregeerd, geliefd bij mijn onderdanen, gevreesd door mijn vijanden en gerespecteerd door mijn bondgenoten. Rijkdom en eer, macht en genoegens hebben mij op mijn wenken bediend. Geen aardse zegen lijkt aan mij voorbij gegaan te zijn. Maar ik heb ijverig de dagen geteld met zuiver en echt geluk en vreemd genoeg zijn het er slechts veertien."

Net als deze koning zoeken mensen hun hele leven om te proberen het beste van alles te vinden. Zelfs als we alles krijgen wat we wensen, zijn we niet per se gelukkig.

Toen we een keer tijdens een retraite in een luxe hotel in Amerika verbleven, lagen er vijf kussens op ieder bed. Ik wilde op de vloer slapen en zocht daarom in een la naar een deken, die ik uiteindelijk vond. Maar weet je wat ik in de bovenste la vond? Nog een kussen! Ik kon niet geloven dat vijf kussens niet genoeg voor iemand waren. Als we geloven dat we bepaalde dingen in het leven nodig hebben om tevreden te zijn, zullen we nooit gelukkig zijn.

Ik las een interview met een bekende beroemdheid die zei: "Het gevoel uit evenwicht te zijn hebben we allemaal gemeen. De meeste mensen hebben een vurig verlangen om gelukkig en rustig te zijn, maar zeer weinigen onder ons bereiken die toestand. Geen mens of bezit zal ons die toestand van innerlijke rust geven. Het enige wat die leegte op kan vullen is een hogere macht. Ik ben ervan overtuigd dat er een hoger wezen bestaat. Als we aan ons lot zouden worden overgelaten, zouden we gedoemd zijn tot chaos."

Wij zijn zeer fortuinlijk dat we een spirituele gids als Amma hebben, die ons kan tonen waarin echt geluk ligt.

Amma zegt vaak dat iedereen in de wereld van vandaag naar buiten toe een koning wil zijn, maar dat we van binnen eenvoudig bedelaars blijven. Als we blijven bedelen, zullen we als bedelaar sterven, maar als we kunnen leren geven, worden we als een koning. We moeten proberen ons te transformeren van bedelaar tot koning, van binnen, niet alleen van buiten.

De vreugde die we ervaren in de aanwezigheid van een heilige, is niet de vreugde die de heilige ons geeft, maar dat wat zich in ons eigen hart manifesteert. Het is als de lotusbloemknop die opengaat en prachtig bloeit en bij dageraad zijn geur verspreidt. De zon is alleen maar de schijnbare oorzaak van het opengaan van de bloemknop. Er verschijnt niets nieuws dat niet reeds in de bloemknop aanwezig was. Op dezelfde manier komt de vreugde die in ons verborgen zat, in de aanwezigheid van een verlichte ziel naar buiten.

Liefde zit erg diep verborgen in het hart van iedereen. Amma zegt ons vaak dat we moeten proberen het goede in alles te zien, omdat zelfs de lotusbloemen opbloeien uit de modder en het vuil van vies water. Wanneer mededogen ons hart vult, zien we iedereen als een deel van ons eigen Zelf en in deze toestand stroomt ons hart over van liefde.

Het is zeker dat iemand die de aard van het leven niet kent, veel pijn zal lijden. Maar iemand die de aard van de wereld wel kent, kan alles wat er gebeurt met een glimlach accepteren en wordt door niets ongunstig beïnvloed. Als we proberen alleen maar uiterlijke dingen te bemachtigen, zullen we ongelukkig zijn, of we ze krijgen of niet. Geluk kan nooit in iets uiterlijks gevonden worden. Het moet van binnenuit komen.

Een man van 92 die slecht kon zien, moest naar een verpleeghuis verhuizen omdat zijn vrouw van 70 onlangs gestorven was. Deze tengere, parmantige man was iedere morgen om acht uur helemaal gekleed, fris geschoren en had zijn haar keurig gekamd. Op de dag van de verhuizing zat hij in de hal van het verpleeghuis geduldig te wachten tot men hem naar zijn nieuwe kamer bracht. Hij glimlachte vriendelijk toen de bediende hem vertelde dat zijn kamer klaar was. Toen hij zijn looprekje naar de lift manoeuvreerde, gaf de bediende hem een beeldende beschrijving van zijn piepkleine kamertje, inclusief het meubilair en de kleuren van de gordijnen die men voor de ramen gehangen had. "Ik vind het prachtig!" zei hij met het enthousiasme van een klein kind dat net een nieuw hondje gekregen heeft.

"Meneer Smid, wacht even, u heeft de kamer nog niet eens gezien."

"Dat heeft er niets mee te maken," antwoordde hij. "Geluk is iets waartoe je van tevoren besluit. Of ik mijn kamer leuk vind of niet, hangt niet af van hoe het meubilair is opgesteld, maar hoe ik mezelf opstel. Ik heb al besloten het leuk te vinden. Het is een besluit dat ik iedere morgen neem wanneer ik opsta. Ik kan kiezen: ik kan de dag in bed doorbrengen en de moeilijkheden opsommen die ik heb met de lichaamsdelen die niet meer werken of opstaan en dankbaar zijn voor de delen die het nog wel doen. Iedere dag is een geschenk en zolang mijn ogen opengaan, zal ik me richten op de nieuwe dag en alle gelukkige herinneringen die ik opgeslagen heb voor deze tijd in mijn leven."

Als we ondanks alle kennis, rijkdom en prestaties die we in het leven verworven hebben, ons niet bekommeren om het welzijn van de wereld, wordt alles wat we verworven hebben zinloos. Dit betekent echter niet dat we niet moeten proberen iets te doen in het leven.

Een meisje vertelde me dat ze lange tijd in de war geweest was, nadat ze spiritueel onderricht over de futiliteit van aardse bezigheden had gehad. Ze was opgehouden met de dingen die ze altijd erg graag gedaan had, zoals gedichten schrijven en schilderen. Maar haar twijfels werden uiteindelijk weggenomen. Amma zei haar dat creativiteit geen belemmering is voor het spirituele leven. We kunnen alles doen wat we echt willen doen, maar we moeten in ons achterhoofd houden dat niets in deze hele buitenwereld ons gelukkig zal maken.

Een brahmachari die in een plaatselijke ashram in Noord-India gestationeerd was, vertelde zijn ervaringen van zijn recente reis naar de Himalaya's. Hij was best gelukkig geweest in de plaatselijke ashram, maar vond dat hij mentaal sterk genoeg was om te vertrekken naar een bos in de Himalaya's om te mediteren en *tapas* te doen. Nadat hij in het bos gekomen was, kwam hij erachter dat dit niet het geval was.

Hij vond daar helemaal geen innerlijke rust. Integendeel, er kwamen erg veel andere gevoelens en gedachten in hem op en hij werd zelfs erg bang. Hij verliet het bos om bij de yogi's in de heuvels te verblijven, in de hoop dat dit zijn situatie zou verbeteren.

Toen hij zag hoe sommige mensen daar leefden, viel zijn denkbeeld over spiritueel leven in de Himalaya's aan duigen. De *sadhu's* gebruikten de maaltijd om zeven uur 's ochtends en opnieuw om vier uur 's middags. Ze aten zich vol en sliepen vervolgens. Ze lanterfantten, rookten *bidi's* of *chillums* en spraken over Vedanta. Sommigen van hen raakten slaags met elkaar omdat ze het op een bepaald punt niet eens waren. De brahmachari zei dat niemand vol devotie over God sprak en niet een van de yogi's was liefdevol tegen de anderen. De mensen vermeden elkaar vaak omdat ze bang waren dat ze wat gastvrijheid moesten tonen en een kop thee aanbieden, waardoor hun geldmiddelen zouden afnemen.

Zijn ervaringen weerspiegelen wat Amma vaak zegt over Vedanta: dat we er niet alleen over moeten praten, maar het moeten leven.

De geest kan nooit stil zijn. Er zullen altijd gedachten zijn die ons storen. De geest volgt ons overal waar we heen gaan, van de toppen van de Himalaya's tot diep in de meest afgelegen bossen. Hij zal ons altijd kwellen. Er is geen ontsnappen aan. Amma adviseert ons dat het beter is wat werk voor de wereld te doen dan alleen maar te proberen de geest tot rust te brengen. De brahmachari merkte dat hij veel gelukkiger was nu hij weer wat dienstverlenend werk deed. Hij vond de mensen rondom Amma veel onbaatzuchtiger dan de meeste yogi's die hij in de Himalaya's ontmoet had.

Een groep studenten stelde de grote filosoof Aristoteles een vraag: "Meester, u heeft decennia lang onderwezen en veel boeken geschreven. Vertel ons in een paar woorden wat het doel van kennis is."

Aristoteles antwoordde hun: "De betekenis, het doel van kennis ligt in een enkele gedachte: dienstverlening."

Een paar maanden geleden hoorde ik Amma praten tegen een gast die de ashram in India bezocht. Ze zei:

> Ik heb er geen bezwaar tegen als mijn kinderen al hun tijd aan meditatie willen besteden of als ze alleen maar hard willen werken, zolang ze maar niet lui zijn. Ze kunnen hard werken als ze dat willen en als ze willen mediteren, laat ze dan iedere dag in ieder geval wat tijd aan werk besteden, zodat ze voldoende geld verdienen voor het eten dat ze nemen. En laat ze dan nog een beetje meer werken zodat ze tien roepies extra verdienen die gebruikt kunnen worden om de wereld te dienen. Dat is alles wat ik van iedereen vraag. Ze moeten voor hun bestaan niet van anderen afhankelijk zijn.

Zelfs als we vinden dat we niet voor alle spirituele oefeningen geschikt zijn, dan kunnen we op zijn minst hard werken, omdat dat alles is wat Amma van ons verwacht. Er is niemand die niet bij Haar past. Ze accepteert iedereen.

Een bijzondere Japanse jongen reisde naar India met een groep van tachtig studenten die ieder jaar helpen bij het bouwen van gratis huizen voor de armen. Deze jongen had een hersenverlamming en zat vanwege zijn verlamde lichaam gewoonlijk in een rolstoel. Hij had een intens verlangen om net als alle andere studenten zijn bijdrage te leveren, vooral omdat de huizen bestemd waren voor de tsunamislachtoffers. Jammer genoeg vereiste het werk voornamelijk zware lichamelijke arbeid, die hij onmogelijk kon verrichten, zoals het verplaatsen van zwaar bouwmateriaal.

Uiteindelijk werd er een oplossing gevonden. Hij kreeg een handschoen aan zijn goede hand, er werd een verfkwast aan gebonden en hij kon zijn arm voldoende bewegen om de muren van de huizen te verven. Hoewel er evenveel verf op hemzelf en overal in het rond spatte als er op de muren terechtkwam, stoorde niemand zich daaraan. Dat de felle zon meedogenloos op hem brandde, kon hem niets schelen. Hij was gelukkig.

Later zei hij: "Weet je, mijn hele leven heb ik altijd mensen gehad die mij dienden. Uiteindelijk heb ik iets gevonden om anderen te helpen. Ik denk dat als Amma in mijn lichaam was, Ze ook zo hard zou willen werken." Hij was zo opgewonden dat hij eindelijk kon helpen.

Ons geluk ligt in het geluk van anderen. Sommige mensen denken dat ze door anderen uit te buiten gelukkig kunnen zijn, maar dat is niet waar. Alleen door te proberen voor anderen van nut te zijn, door ons eigen belang ter wille van hen op te offeren kunnen we echt geluk vinden. Als we iets met liefde in ons hart kunnen doen en ons opoffering getroosten ter wille van anderen, zullen we echte vrede en vreugde ervaren. Al het werk waarmee we ons inlaten voor het welzijn van de mensheid, zal ons leven gezegend maken.

Hoofdstuk 7

De kracht van de liefde

De reden dat twee antilopen samen lopen is dat de een
het stof uit het oog van de ander kan blazen.
Afrikaans spreekwoord

De liefde tussen de guru en de leerling is de zuiverste liefde die in deze wereld ooit ervaren kan worden. Deze liefde is zo diepgaand omdat de guru gewoon liefheeft en niets in ruil daarvoor terugverwacht. De enige verwachting van de guru is de leerling naar het rijk van de Hoogste Waarheid te leiden over het pad van genade.

Andere soorten liefde die in deze wereld ervaren worden, hebben zelden deze kwaliteit. De liefde die de meesten van ons gekend hebben, is voorwaardelijk, vaak gebaseerd op verborgen verwachtingen en gewoonlijk gepaard gaand met teleurstellingen. Zelfs een onschuldige baby houdt van zijn moeder in de hoop dat hij haar voedende borstmelk zal ontvangen. Aan de liefde van iedereen hangt een prijskaartje. Maar Amma vindt dat er één plaats op de wereld moet zijn waar onbaatzuchtige liefde is zonder prijskaartje, zonder enige verwachting. Daarom is Ze gekomen.

Tijdens een avondprogramma op de Amerikaanse tournee vroeg de vertaler aan Amma of Ze wilde dat Haar gebruikelijke onderricht over liefde vertaald werd. Amma zei "ja", dat het vertaald moest worden. Ze lachte omdat Ze voelde dat de vertaler het een beetje beu was om dag in dag uit hetzelfde onderwijs over liefde helemaal te moeten herhalen. Amma zegt dat Ze het nooit of te nimmer beu wordt om over liefde te praten. Voor Haar is het onderwerp liefde altijd fris en nieuw, omdat Ze de volheid ervan de hele tijd ervaart. Liefde is niet gewoon een woord voor Haar, maar een altijd opwindende ervaring. Ze zei tegen de vertaler dat hij de kracht van de liefde nooit moest onderschatten, wat de meesten van ons helaas vaak doen.

De kracht van de liefde, de kracht van de ziel, bestaat in iedereen. Het is Amma's doel die oneindige kracht wakker te maken: het moederschap in mensen, zowel in mannen als in vrouwen, de liefde en het mededogen in iedereen. Zuivere liefde heeft de capaciteit om in ieder van ons en in de wereld een geweldige verandering tot stand te brengen.

Een journaliste die aan een artikel over dieren werkte, was verbaasd een vroegere vrouwelijke heroïneverslaafde tegen te komen, die op een zwerfhond verliefd was geworden. De verslaafde besefte dat ze af moest kicken om goed voor het dier te kunnen zorgen. Ze nam de verantwoordelijk op zich te veranderen en gaf de drugs op, zodat ze adequaat voor haar dier kon zorgen. Zij redde de hond en de hond redde haar.

Journalisten vragen Amma vaak om te beschrijven hoe het is om de mensen te omarmen die naar Haar toe komen. Amma antwoordt dan: "Het is een zeer zuivere ervaring. Ik zie in de mensen een weerspiegeling van mezelf. Wanneer ik naar de mensen kijk, word ik hen en voel ik hun verdriet en vreugde. We ontmoeten elkaar op het niveau van liefde."

Wanneer Amma darshan geeft, fungeert Ze als een katalysator om ons onze diepste ware aard te laten ervaren. We hebben zo lang slootwater gedronken dat, wanneer we met zuiver water in contact komen, het wonderbaarlijk verfrissend is. We krijgen een glimp van onze eigen innerlijke goddelijke natuur door Amma.

Amma zegt dat Ze niet beperkt is tot Haar lichaam van anderhalve meter lang. Ze zegt dat je Haar in je hart zult vinden, als je naar binnen kijkt. Ze verblijft als het innerlijke Zelf verborgen in iedereen. Omdat we ons hiervan niet bewust zijn, voelen we niet altijd dat Amma bij ons is. Ieder moment is Ze bij ons, heel dicht bij ons. Ze is ons eigen Zelf.

De meesten van ons denken alleen aan materiële winst en verlies, maar de grootste winst die we in het leven kunnen behalen is liefde. Alle spirituele oefeningen die we doen, zijn bedoeld voor het wakker maken van de slapende essentie van liefde die in ons ligt, net onder het oppervlak van onze voorkeuren en aversies.

Zoals een spin verstrikt kan raken in het web dat hij spint, kunnen wij verstrikt raken in het web van verlangens dat we weven. We raken opgesloten in ons eigen persoonlijke kleine universum dat gebaseerd is op *maya*. Alleen een verlicht persoon kan ons uit dit verwarde web, dat we zelf geschapen hebben, trekken.

Er was eens een man met veel liefde voor Amma. Maar Amma kon zien wat niemand anders kon zien: dat hij van binnen een zware last van diepe wonden uit het verleden met zich meedroeg. Ze wist dat iets hem altijd dwars zat. Hij bekende Amma dat een van zijn kinderen lang geleden zelfmoord had gepleegd en dat hij het nooit kon vergeten. Maar door van Amma te houden heelde deze wond uit het verleden op onbegrijpelijke wijze. Ze adviseerde hem het verleden te vergeten omdat het allemaal een doorgestreepte cheque was. Zoals een dokter die medicijnen voorschrijft om de ziekte van de patiënt te genezen, biedt Amma ieder van ons precies wat we nodig hebben om ons hart te helen.

Amma houdt evenveel van alle wezens in deze schepping. Op een avond in de ashram had Amma het onaangename gevoel dat er iets mis was met een van de koeien. Ze dacht dat ze misschien niet goed gevoerd waren en dat een van hen honger kon hebben. Ze belde de brahmachari op die verantwoordelijk was voor de koeienstal en vroeg hem of alle koeien gevoerd waren. Hij antwoordde bevestigend. Maar toch had Amma het gevoel dat er iets mis was en daarom ging Ze het onderzoeken.

Toen Ze bij de koeienstal kwam, vulde Ze een emmer met koeienvoer en zette het voor een kalf neer. Het kalf at alles op. Toen Ze zag hoeveel honger het kalf had, informeerde Ze hiernaar. De brahmachari herinnerde zich plotseling dat de moeder van dit kalf gestorven was en een andere brahmachari moest alleen voor dit kalf zorgen. Maar hij was die dag weg en iedereen had vergeten het te voeren, behalve Amma. Ze wist van de honger van het kalf zonder dat het Haar verteld was.

Amma zegt dat moeders in de oude tijd zo'n diepe liefdesband met hun kinderen hadden, dat de moederborst melk begon te geven, wanneer het kind honger had, zelfs als het kind ver weg was. Ze wist dus spontaan dat het tijd was om haar kind te voeden. Tegenwoordig is de liefdesband niet zo sterk. De mensen moeten de moeder met een mobiele telefoon oproepen om haar te laten weten dat haar kind honger heeft.

De wereld is vol egoïsme. De mensen geven liefde met verwachtingen, omdat ze zich niet realiseren waar de bron van liefde zich bevindt. We zijn altijd op zoek naar voordeel buiten ons, maar onze vergeefse pogingen laten ons slechts verdrietig, onvervuld en leeg achter. Wanneer Amma zoveel mensen op deze manier ziet lijden, voelt Ze immens medelijden en probeert ons uit die toestand te halen.

Iemand vroeg Amma eens: "Hoe kan ik meer van mezelf houden?" Amma antwoordde: "Als we van anderen houden en onze goede eigenschappen ontwikkelen, zullen we van onszelf kunnen houden." Ze suggereert dat we, als we niet van anderen kunnen houden, op zijn minst moeten proberen niet kwaad op hen te zijn. We moeten proberen geen haat jegens iemand te koesteren, hoewel dit soms moeilijk is.

Het is gemakkelijk van Amma te houden, maar we moeten proberen diezelfde liefde die we voor Haar voelen, aan anderen te tonen. Als we geen liefde voor iemand kunnen voelen, dan hebben we hem gewoonlijk verkeerd begrepen. Het is gemakkelijker van anderen te houden, als we de ongelukkige omstandigheden waaruit mensen komen, begrijpen.

Amma zegt dat als we eenmaal de ware essentie van spiritualiteit goed begrijpen en in ons opnemen, mededogen, liefde en zorg om anderen in ons op zullen komen. Alleen wanneer we lief hebben, kunnen we echte liefde voelen en ervaren.

Bij een bepaalde vraag- en antwoordsessie met Amma vond ik dat de vragensteller een beetje grof was, omdat hij erop zinspeelde dat Amma een vertaler nodig had en suggereerde dat Amma vloeiend Engels moest spreken. De vraag stoorde me een beetje, maar Amma was helemaal niet van streek. Dat is Ze nooit.

De vraag was: "Als Amma alwetend is, moet Ze dan niet iedere taal kunnen spreken?"

Amma's antwoord was prachtig. Ze antwoordde onmiddellijk: "Alwetendheid betekent kennis over wat eeuwig is begrijpen en op dat niveau van bewustzijn is de taal liefde."

Daarna hoefde er niets meer gezegd te worden.

Toen we in 2006 voor de Europese tournee in Spanje waren, zagen we een jongetje met het Downsyndroom, dat in Amritapuri geleerd had *tabla* te spelen. Amma was blij hem weer te zien. Ze nodigde hem uit om tijdens het avondprogramma op het podium te komen en tijdens Haar *bhajans* de tabla te bespelen.

Het was ongelofelijk om dit jongetje naast Amma te zien spelen. Hoewel veel talentvolle artiesten Amma's programma's hebben bezocht, zijn ze zelden uitgenodigd om met Haar muziek te maken, maar bij twee gelegenheden nodigde Amma deze jongen liefdevol uit om Haar bhajans te begeleiden. Bij bijna ieder lied draaide Amma zich om om bemoedigend naar hem te glimlachen. Stralend keek hij terug naar Haar. Bij de meditatie aan het einde van het programma gebaarde Ze hem om bij Haar op de *pitham* te komen zitten. Daarna liet Ze hem door de menigte voor zich uit lopen naar Haar stoel. Hoewel hij Haar taal niet kon begrijpen, begreep hij altijd precies wat Amma hem vroeg te doen. Bij communicatie door liefde is het begrijpen van woorden niet nodig. Het hart van een moeder kan altijd door haar kinderen begrepen worden.

Amma spreekt de taal van de liefde vloeiend en Ze probeert ons die taal ook te leren.

We worden er vaak aan herinnerd dat we niet verliefd moeten worden, wat gewoonlijk alleen maar een bevlieging blijkt te zijn, maar liefde moeten *worden*. Liefde maakt ons onbevreesd, openhartig, krachtig en volkomen vrij. Mensen

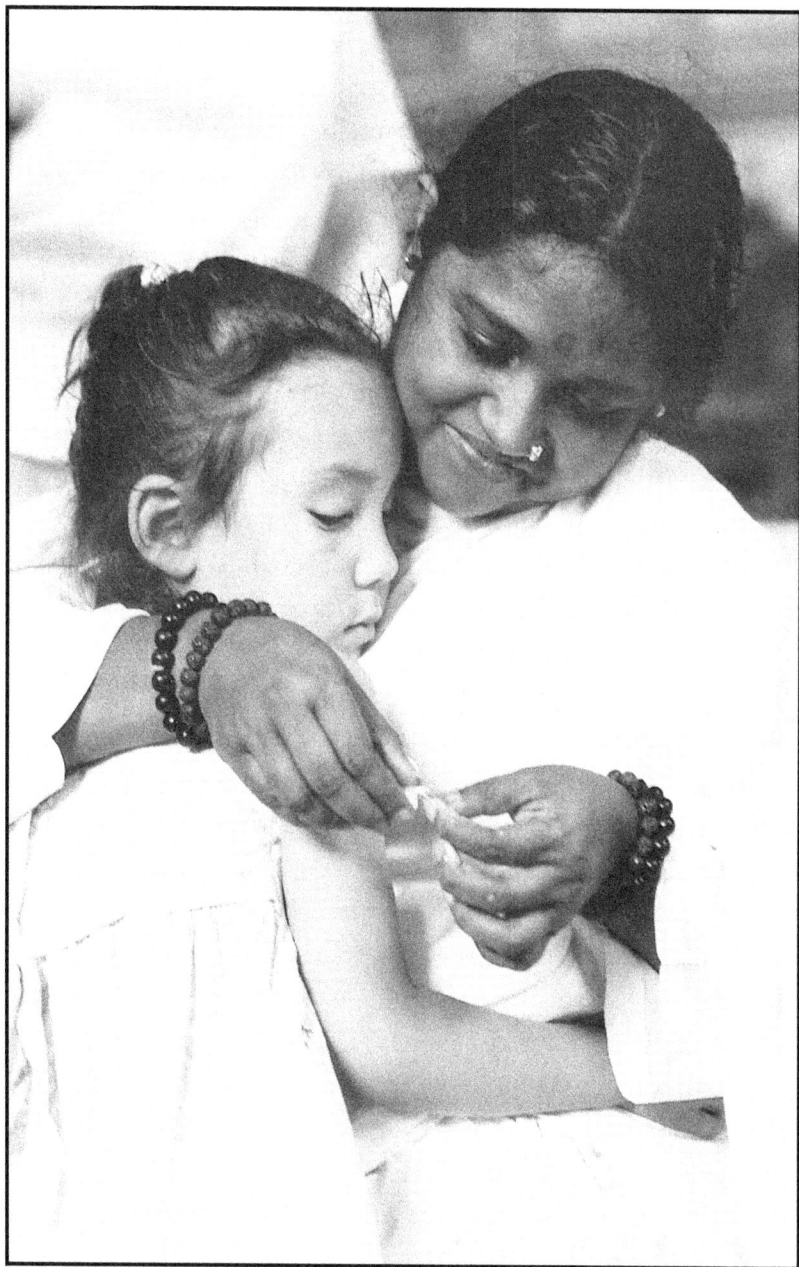

hebben veel ongelofelijke dingen gedaan ter wille van de liefde. Men boort oneindige kracht en vermogens aan laat die door deze liefde tevoorschijn komen.

In 2002 vroeg een Amerikaanse beroemdheid de Zuid-Afrikaanse president Nelson Mandela wat hij als geschenk voor zijn land wilde. Hij antwoordde eenvoudig: "Bouw een school voor me." Binnen een paar jaar verrees er een gebouw van vele miljoenen dollars op de droge grond van Soweto, een arme stad bij Johannesburg. Het werd een school voor achtergestelde meisjes als een geschenk van liefde. De zaadjes voor een nieuwe generatie waren geplant.

De oprichter van de school kwam uit een arm, onderdrukt milieu en daarom wilde ze de jongere generatie de kans geven om aan die ellende te ontsnappen. Ze wilde hun alles geven wat zij nooit had toen ze opgroeide, omdat ze wist dat deze jonge mensen de leiders van de wereld van morgen zouden zijn. Haar gift uit liefde kwam zoveel jonge mensen ten goede en het vervulde haar met vreugde dat zo de cirkel van haar eigen leven rond was. De mensen vragen haar vaak waarom ze zelf nooit kinderen gehad heeft. Ze antwoordt dat ze door deze onbaatzuchtige liefde in zichzelf te ontdekken is gaan beseffen dat ze geen eigen kinderen hoeft te hebben, maar kan helpen de kinderen van andere mensen op te voeden.

Er is een verhaal over een Japanse man die een krachtige openbaring had toen hij een klein huis aan het verbouwen was. Toen hij een muur afbrak, vond hij een hagedis met een spijker door zijn poot. Aan de spijker zag de man dat die waarschijnlijk tien jaar oud was, uit de tijd dat het huis gebouwd werd, omdat er sindsdien niets aan het huis verbouwd was. Hij vroeg zich af hoe een hagedis zo lang kon overleven zonder zich te bewegen en hij zat in overpeinzing naar de arme hagedis te kijken. Hij kon zich niet voorstellen hoe hij het klaargespeeld had al die jaren voedsel te krijgen. Maar zie, er verscheen een andere hagedis met voedsel in zijn bek en hij bood het de gevangen hagedis aan. Geschokt besefte de man dat deze tweede hagedis zijn maat waarschijnlijk tien jaar gevoed had. Dat is de kracht van de liefde, realiseerde hij zich.

Toen de bovenste verdiepingen van het tempelgebouw in Amritapuri voltooid werden, namen de ashrambewoners deel aan baksteen*seva* om de bouw af te ronden. Wij hielpen de werkers door alle grondstoffen naar hen te brengen, wat betekende dat we bakstenen en ander bouwmateriaal meerdere trappen opdroegen.

Als we de trappen opliepen en alleen onszelf te dragen hadden, moesten we onderweg gewoonlijk stoppen om op adem te komen. We vroegen ons af of we de kracht hadden om de hoogste verdieping te bereiken. Maar tijdens de baksteenseva konden we een paar uur lang zware bakstenen de trappen op dragen. Het was een wonder van Amma's genade dat we de kracht hadden om dit gewicht de trappen op te dragen en dit vol te houden. Liefde geeft je de kracht om iedere last te dragen.

Een maand voordat de orkaan Katrina de Verenigde Staten trof, werd Mumbai verwoest door overstromingen. Daarvoor vernietigde de tsunami de kust van India en kwamen er duizenden mensen om. Op deze momenten waren er honderdduizenden mensen dakloos en hadden voedsel en kleding nodig. Overal openden mensen hun hart om anderen die hulp nodig hadden, bij te staan. Er werd voedsel gekookt en geserveerd aan hen die het nodig hadden. Niemand leed ooit honger in India.

Iedere keer als er een ramp in India was, van overstroming tot aardbeving, zorgden de mensen voor elkaar.

In de Punjab in Noord India botsten in de vroege ochtenduren twee treinen op elkaar. Het hele dorp ontwaakte om bij de ramp te helpen. Alle boeren startten hun tractors en beschenen met hun koplampen de plaats van het ongeluk om licht te verschaffen voor het reddingswerk. De overlevenden bibberden van de kou en daarom offerden de boeren hun kostbare hooimijten op om enorme vuren te maken om de mensen warmte te geven.

In een tempel in de buurt werd een ziekenhuis ingericht. Het dorpshoofd koos een groep mensen om zorg te dragen voor het geld en de kostbaarheden van de slachtoffers en hield een volledige lijst van hun bezittingen bij. Niet één roepie ging verloren of werd gestolen. Het boerendorp had een bevolking van slechts een paar duizend mensen maar toch waren ze in staat meer dan een week lang iedere dag 50.000 mensen te eten te geven. Liefde en mededogen voor hulpbehoevende mensen was het spontane antwoord dat alle grenzen van kaste en geloof overschreed.

Hoewel we niet allemaal zulke heldhaftige daden kunnen verrichten, kunnen we op zijn minst proberen vriendelijk en liefdevol tegenover de mensen om ons heen te zijn. Alle handelingen kunnen vol onbaatzuchtige liefde worden, als ze uit onschuld voortkomen en oprecht, zonder gehechtheid of verwachting worden aangeboden.

Op een dag ging een zeer oude man naar Amma's darshan in de ashram. Hij moet bijna negentig geweest zijn. Toen hij naar Amma ging zei hij heel serieus: "Amma, als u ooit enige invloed nodig heeft, laat het me dan weten. Mijn vader was kok in een huis van zeer hooggeplaatste politici. Dus laat het me maar weten, Amma, en ik kan proberen u op een keer uit de moeilijkheden te helpen."

Zowel de vader van de man als de politici moeten jaren geleden overleden zijn, omdat hij zelf erg oud was. Maar dit was het enige wat hij Amma kon aanbieden en dus bood hij het blij met een hart vol liefde aan.

Ook al is het gebaar klein, we moeten allemaal proberen anderen te helpen op welke manier dan ook. Ons leven is als een echo: we krijgen precies terug wat we geven. Als we liefde geven, zal het zeker naar ons terugkomen.

Hoofdstuk 8

Wonderen van het geloof

Wanneer je aan het einde komt van al het licht dat je kent en het tijd is in het duister van het onbekende te stappen, weet het vertrouwen dat een van twee dingen zal gebeuren: of je krijgt iets stevigs om op te staan of men zal je leren vliegen.

Edward Teller

Vertrouwen is evenals liefde ongrijpbaar. De eigenschappen van vertrouwen zijn onbeschrijflijk, maar toch vormen ze de basis van het leven. Hoewel we wonderbaarlijke ervaringen kunnen hebben die ons vertrouwen verdiepen, mag ons vertrouwen niet van die ervaringen afhankelijk zijn.

God heeft ons vertrouwen niet nodig. Wij zijn het die Gods genade nodig hebben.

Op een keer ging Amma's zwager naar zijn geboorteplaats om zijn moeder op te zoeken. Maar zijn moeder sprak niet met hem. Hij wist niet waarom en daarom ging hij naar een tempel en bad tot de godin *Devi* in het binnenste van de tempel: "Ik weet niet waarom mijn moeder niet met me spreekt. Ik ben erg verdrietig."

Op dat moment bezocht zijn vrouw de ashram en hun zoontje speelde met Amma. Amma zei tegen het jongetje: "Je arme vader, hij is zo bedroefd. Hij bidt tot Devi in de tempel omdat zijn moeder niet met hem praat. Vertel hem dat hij niet bedroefd moet zijn."

Toen ze later die dag weer thuis waren, vertelde het jongetje zijn vader wat Amma gezegd had. Zijn vader was onthutst omdat hij niemand over zijn gebed verteld had. Hij besprak de gebeurtenis met zijn vrouw, omdat hij in die tijd niet veel vertrouwen in Amma had. Zijn vrouw verzekerde hem met een glimlach dat het voor Amma niets voorstelde om van zijn gebed tot Devi in de tempel te weten. Langzaam brachten zijn verschillende ervaringen met Amma, zijn goddelijke schoonzus, hem op het punt waar hij Haar goddelijkheid niet langer kon betwijfelen.

Toen Amma nog een teenager was en de eerste 'wonderen' verrichtte, wilde Ze nooit enige erkenning. Wanneer de mensen beweerden dat Ze iets geweldigs gedaan had door een wonder te verrichten, zei Amma: "We kunnen niet creëren wat er niet reeds is."

Amma zegt dat het echte wonder de transformatie van de geest is. Innerlijke rust verkrijgen, dat is het echte wonder.

Om ons vertrouwen te versterken kan Amma onze verlangens vervullen. Ontelbaar zijn de gevallen waar de wensen van mensen zijn vervuld, maar Amma wil dat we voorbij de toestand van zinloos hunkeren gaan. De nadruk ligt bij Haar altijd op het bijbrengen van spirituele lessen.

Een massagetherapeut die in Amritapuri woont, had haar beroep opgegeven, vlak voordat ze Amma ontmoette. Ze was te overweldigd door de omvang van de pijn van de mensen, omdat ze wist dat die veel verder ging dan het fysieke niveau. Ze vond dat ze iemand niet echt kon helpen door hem te masseren totdat ze zuivere liefde kon geven. Ze wist dat Amma de enige was die haar de diepte van onbezoedelde liefde kon bijbrengen, waar ze haar hele leven naar gezocht had.

Toen ze Amma voor de eerste keer ontmoette, wilde ze Haar onmiddellijk dienen door Haar te masseren. Op een dag aan het ontbijt hoorde ze twee mensen praten over het masseren van Amma. Ze vroeg hun of ze dachten dat het mogelijk was dat ze dat ooit deed. Ze schudden nee en zeiden dat het niet mogelijk was. Een vrouw zei schertsend dat ze het moest proberen en het toch vragen, maar dat Amma waarschijnlijk iets zou zeggen als: "Ja, op een dag zal ik je roepen." De vrouw was bedroefd, denkend dat ze te onzuiver was om Amma op deze manier te dienen.

Een week later werd er een kerstspel in het ashram-auditorium opgevoerd. Amma zat op een stoel, omringd door ashrambewoners, en keek naar het toneelstuk. De jonge vrouw merkte op dat Amma een beetje over Haar nek wreef, alsof die pijn deed. Daarom dacht ze dat dit misschien de perfecte kans was om Haar te masseren. De masseur in haar kon het niet verdragen Amma te zien lijden, omdat ze wist dat ze iets kon doen om de pijn te verlichten.

Ze bad tot Amma om haar alstublieft een offergave te laten zijn en haar toe te staan te proberen haar pijn te verminderen. Ze bad om een bepaald teken dat aangaf dat ze de poging moest ondernemen om Haar te benaderen en te masseren. Ze vroeg innerlijk dat Amma Haar hoofd naar rechts zou draaien, als Ze wilde dat ze kwam.

Amma draaide Haar hoofd onmiddellijk naar rechts. Ze voelde een lichte opwinding en bad opnieuw: "O Amma, het spijt me, maar ik weet niet of dat gewoon toeval was. Ik wil echt komen en u mijn enige vaardigheid aanbieden, maar ik ben er niet zeker van of ik een dwaas van mezelf moet maken en door deze grote menigte moet komen. Geef me dus alstublieft een ander teken. Draai uw hoofd dus alstublieft weer naar rechts." Amma draaide Haar hoofd ogenblikkelijk opnieuw naar rechts.

De vrouw werd nu uiterst zenuwachtig en kon niet geloven dat dit echt gebeurde. Ze begon aan zichzelf te twijfelen en

vreesde de publieke vernedering als ze ongelijk had. Ze dacht: "Waarom had ik niet aan een duidelijker teken gedacht, een uitzonderlijker teken? Oké, ik kom Amma, maar ik heb nog een duidelijker teken nodig. Alstublieft, alstublieft, til uw rechter arm op." Zonder te aarzelen tilde Amma dramatisch

Haar rechter arm op, echt hoog in de lucht, om Haar mouw goed te trekken.

Ze had nu helemaal geen twijfel meer. Ze moest naar Amma gaan. Ondanks haar angst stond ze op en zigzagde haar weg door de mensenmenigte. Iedereen keek vreemd naar haar en vroeg zich af waarom ze naar Amma ging. Toen ze bij Haar was, was ze ontzettend zenuwachtig. Amma keek een beetje verrast door haar plotselinge aanwezigheid. Ze voelde zich erg dwaas, maar glimlachte toch en vroeg: "Amma, wilt u dat ik uw schouders masseer?" Amma begon luid in het *Malayalam* te praten. Ze besliste dat Amma waarschijnlijk tegen haar zei: "Geen sprake van!" en dus draaide ze zich om en wilde weg lopen.

Met een enorme glimlach greep Amma haar kin, trok haar naar zich toe en kuste haar op haar wang. De jonge vrouw vatte dit op als: "Maar niettemin bedankt."

Toen ze zich omdraaide om door de massa terug te gaan, zeiden alle *brahmacharini's* die bij Amma zaten enthousiast: "Ze zei ja! Ze zei ja!" Ze spoorden haar aan om achter Amma's stoel te gaan staan en Haar te masseren.

Ze stond achter Amma, maar Haar gewoonlijk competente handen bleven steken boven Amma's schouders. Ze bad in zichzelf: "O hemeltje, de Godin van het universum laat mij Haar masseren. Hoe is dit mogelijk? Ik weet niet hoe ik verder moet gaan. O grote Godin, hoe wilt u dat ik u masseer?"

Op dat moment draaide Amma zich lachend om en zei: "Drukken!" En dus begon ze op Amma's schouders te drukken. Ze bleef daar zolang het kerstspel duurde en masseerde Amma naar hartelust.

Later, toen er iemand met Amma kwam praten, werd haar aandacht afgeleid. Op dat moment draaide Amma zich plotseling om en zei haar dat ze weer moest gaan zitten. Ze ging vlakbij zitten en voelde zich een beetje bedroefd dat ze haar concentratie verloren had, maar blij dat haar verlangen vervuld was. Ze besefte dat het een kostbare les voor haar was dat we altijd op het doel gericht moeten blijven.

Niemand kon geloven dat Amma deze nieuwkomer Haar had laten masseren, en dan nog wel zo lang. Maar zij wist dat Amma vol mededogen haar gebeden beantwoord had met deze zeldzame zegen om haar te helpen door te gaan anderen te dienen zonder haar talent verloren te laten gaan.

Een paar weken later vertelde Amma haar dat de enige manier om zuiver te worden is door te dienen. Dat ze moet blijven dienen, hoewel haar intenties nog niet helemaal onbaatzuchtig hoeven te zijn, en dat het ego dan geleidelijk zal afnemen. Deze jonge vrouw geeft nu weer massages en heeft haar leven eraan gewijd een instrument van zuivere liefde te worden door anderen te dienen.

Ons vertrouwen neemt toe, wanneer we beseffen dat Amma echt de verlangens van ons hart hoort.

Een jonge vrouw in Australië was een beetje bang voor een operatie om een verstandskies te verwijderen. Haar moeder probeerde haar te troosten door te benadrukken dat Amma tijdens de hele operatie bij haar zou zijn. Haar moeder zei dat ze Amma moest visualiseren als de goddelijke dokter die de operatie verrichtte. Het meisje mocht dit idee en zong *My Sweet Lord* in zichzelf toen ze de verdoving ontving. Ze had de woorden nog in haar geest toen ze langzaam bewusteloos werd en stil aan Amma dacht.

Toen ze na de operatie wakker werd, hoorde ze de melodie *My Sweet Lord*. Het was echt een schok voor haar. Eerst dacht ze dat ze droomde, maar ze besefte dat ze wakker was. Nadat ze vol verbazing rondgekeken had, dacht ze dat ze hallucineerde. Ze informeerde bij de staf en ontdekte de bron van het lied: het kwam uit de radio. Met grote vreugde realiseerde ze zich dat Amma werkelijk de hele tijd bij haar geweest moest zijn en voor haar zorgde.

De zus van een volgeling lag op de intensive care in het ziekenhuis na een operatie. Een klein meisje bezocht haar iedere dag. Het kleine meisje was heel lief en haar aanwezigheid vervulde de vrouw met vreugde die haar de energie gaf snel te herstellen. Dit jonge meisje streelde haar voorhoofd en trok het laken over haar wanneer ze het nodig had. De vrouw nam aan dat het meisje de dochter van een verpleger of een andere patiënt was. Ze vroeg het meisje hoe ze heette en waar ze vandaan kwam, maar het meisje antwoordde niet. Ze bezocht haar een paar dagen lang iedere dag, totdat de vrouw van de intensive care af mocht.

Toen de vrouw het ziekenhuis verliet, vertelde ze haar broer en de verplegers over dit wonderlijke kind dat haar geholpen had te herstellen. De verplegers antwoordden dat kinderen niet in de intensive care mogen komen en dat het helemaal niet mogelijk was dat daar een kind geweest was. Ze concludeerden dat de vrouw gehallucineerd had. De broer van de vrouw kwam onder darshantijd naar Amma en vertelde dit verhaal. Amma wendde zich tot de anderen op het podium en vroeg onschuldig met een verwonderde glimlach op Haar gezicht: "Wie zou dat kleine meisje geweest kunnen zijn?"

Een man uit Kodungallur vertelde een verhaal over zijn eerste ontmoeting met Amma. Men had vastgesteld dat hij hepatitis had die hij jaren geleden bij een bloedtransfusie had opgelopen. Hij had verschillende behandelingen geprobeerd, maar niets had geholpen en daarom besloot hij hulp bij Amma te zoeken.

Hij ging naar de darshan en vroeg Amma of Ze hem kon helpen. Ze zei hem dat hij wat *Krishna-tulasi* moest halen en naar Haar toe brengen. Toen hij de tulasi naar Amma bracht, perste Ze het met Haar handen uit en maakte er sap van. Hij dronk het sap op en was snel van zijn hepatitis genezen.

Het vertrouwen dat Amma ons inboezemt kan ons helpen moeilijkheden te overwinnen die anders onoverkoombaar lijken.

Een vrouw, die op weg was naar Amma's avondprogramma, besloot onderweg te stoppen om iets te drinken. Van het een kwam het ander en uiteindelijk was ze behoorlijk dronken. Ze dacht dat ze haar kans om bij Amma te zijn gemist had en reisde naar de plaats van het programma. Toen ze aankwam, ontdekte ze dat de deuren van het gebouw op slot waren en het programma al lang afgelopen was.

Omdat ze niet over haar volledige denkvermogen beschikte, besloot ze in het gebouw in te breken. Toen ze binnen was, ging ze naar de voorkant van de ruimte, zat op Amma's pitham en huilde en huilde van verdriet en berouw dat ze zo stom was geweest haar tijd aan drinken te verspillen. Ze had het gevoel

dat ze eenvoudig een verliezer was. Ten slotte ging ze op de vloer liggen en huilde op de plaats van Amma's voeten.

De volgende dag kwam ze weer naar het programma voor Amma's darshan en bekende Amma vol berouw wat ze de vorige avond gedaan had. Amma was uiterst vriendelijk en accepterend tegenover haar. Amma's sympathie overweldigde haar en ze besloot dat ze Amma niet meer in de steek kon laten. Ze had Amma meerdere keren gezien en had Haar over het drankprobleem verteld, maar Amma troostte haar altijd met diepe liefde en mededogen en gaf haar nooit op haar kop. Door Amma's genade hield de vrouw vanaf die dag op met drinken.

Er was een gezin dat de ashram in India ieder jaar op een bepaalde feestdag bezocht. Hun zoon, die ongeveer acht was, had een bedplasprobleem, wat hem ernstig in verlegenheid bracht. Het was lastig voor zijn ouders die zijn beddengoed steeds moesten verschonen en hij werd er vaak mee geplaagd. Toen het jongetje Amma in de ashram kwam bezoeken, had hij zo genoeg van dit probleem, dat hij erop stond Amma in Haar kamer te spreken. Hij joeg Amma's persoonlijke bediende weg, zodat hij Haar privé zijn probleem kon toevertrouwen. Zodra hij alleen met Amma was, nam hij Haar hand en leidde die naar zijn geslachtsdeel. Hij vroeg Haar hem alsjeblieft te zegenen, zodat hij niet meer in zijn bed zou plassen. Amma sprong verschrikt op en riep de anderen om snel de kamer in te komen. Ze lachte en lachte, vertelde het voorval aan de anderen en maakte een opmerking over de absolute onschuld en het vertrouwen van het jongetje.

De volgende dag tijdens de darshan vertelde Amma het verhaal aan iedereen. Het jongetje vond dit niet erg, omdat hij vanaf die dag volledig genezen was van zijn bedplassen en er nooit meer door gekweld werd. We herinneren ons nog steeds dit voorval met het jongetje, dat nu een paar jaar ouder is, en met iedereen mee kan lachen.

Wanneer we de guru met onschuld, openheid en oprechtheid benaderen, zullen we aanwijzingen krijgen die ons de juiste weg zullen wijzen, zelfs als we onderweg een fout maken. Deze onschuldige houding helpt ons ook wat diepe rust en voldoening in ons leven te verkrijgen.

Mensen komen vaak met veel vooropgezette ideeën naar de guru. Het is moeilijk geen verwachtingen te hebben, omdat we de neiging hebben de guru intellectueel te beoordelen. Maar het rijk van het bestaan van de guru ligt ver voorbij alles wat we met het intellect kunnen begrijpen. Vertrouwen samen met overgave en kinderlijke openheid zal ons in staat stellen een dieper begrip te krijgen.

Abraham Lincoln was een voorbeeld van iemand die een geweldig vertrouwen en doorzettingsvermogen had. Hij verloor geregeld de verkiezingen, maar toch gaf hij de moed niet op. Hij worstelde zich steeds opnieuw door de verkiezingen en werd uiteindelijk president van de Verenigde Staten. Door zijn vastberadenheid, vertrouwen en harde werken profiteerde het hele land van zijn dienstverlening. Hoewel hij constant verloor, werd hij een geweldig succes. Voor hem vormden mislukkingen een verborgen gelegenheid om verder te gaan.

Sommige mensen verliezen hun devotie wanneer ze met moeilijkheden te maken krijgen. Dat soort vertrouwen is niet gebaseerd op devotie, maar op een of andere verwachting. Echt vertrouwen moet stabiel en onwankelbaar zijn. Alleen met dit soort vertrouwen kunnen we spiritueel groeien.

Er was een dorpeling die bij Amma's ashram in India woonde. Hij had een kleine zaak die het goed deed door de toevloed van mensen die naar de ashram kwamen. Hij was Amma erg dankbaar voor dit plotselinge succes en was daarom aan Haar toegewijd. Toen hij onverwachts wat moeilijkheden ervoer en als gevolg daarvan zowel zijn zaak als zijn familie verloor, raakte hij ook zijn devotie kwijt.

Wanneer we een sterk vertrouwen hebben, kan het niet geschokt worden. Ons vertrouwen helpt ons zowel moeilijke tijden door te komen als tijden waarin alles soepel verloopt. Als ons vertrouwen geschokt kan worden, dan was het toch geen echt vertrouwen.

Amma benadrukt vaak dat we ons moeten inspannen en genade dan zeker zal komen. Dit was zeker de ervaring van een jong Zuid-Amerikaans meisje. Toen ze negen was werd vastgesteld dat ze een aangeboren oogziekte had. De dokters hadden haar gezegd dat ze haar gezichtsvermogen rond haar achttiende volledig zou kunnen verliezen. Ze piekerde er vaak over wat er van haar leven zou worden als ze blind was. Toen ze vijftien was, ontmoette ze Amma voor de eerste keer en nam Haar in vertrouwen over haar oogprobleem. Amma zei haar dat ze er niet meer over moest piekeren, dat Ze zeker voor haar zou zorgen.

Toen het meisje haar school afgemaakt had, wist ze niet goed wat ze wilde en vroeg Amma advies over haar carrière. Amma suggereerde haar om medicijnen te studeren. Dit verbaasde haar volkomen omdat ze zichzelf nooit slim genoeg gevonden had om zo'n carrière na te streven. Haar hele leven had ze alleen natuurgeneesmiddelen gebruikt. Daarom was het hele idee erg overweldigend voor haar. Maar Amma drong erop aan dat ze het zou proberen en dus schreef ze zich vol vertrouwen in aan de AIMS medische faculteit in India.

Soms stuitte ze op zware hindernissen, vooral door de hoeveelheid studie die van haar werd verwacht en vanwege haar slechte gezichtsvermogen. Ze vond het ook moeilijk omdat ze pas een paar jaar geleden Engels had geleerd en dus niet goed kon communiceren met haar hoogleraren en medestudenten.

Er waren momenten dat de leraren haar straften in aanwezigheid van haar klasgenoten en beweerden dat het idioot was dat ze probeerde zo'n moeilijke studie te volgen. Zelfs voor de briljante jonge mensen die de plaatselijke taal heel goed spraken, was het echt zwaar. De leraren vroegen haar hoe ze het in haar hoofd haalde dat ze de andere studenten kon bijhouden gezien al haar moeilijkheden. Ze stonden erop dat ze omzwaaide naar verpleegkunde of tandheelkunde, iets eenvoudiger.

Ze voelde zich uiterst terneergeslagen en ging naar Amma om toestemming te vragen de medische faculteit te verlaten. Maar Amma keek naar haar en zei: "Amma wil dat je blijft. Je moet het proberen. Toen Amma je vroeg om te komen studeren, had Amma een bepaald doel voor ogen. Dus moet je blijven. Als je het echt probeert, zul je slagen."

Dit gebeurde een paar jaar geleden. Amma's eenvoudige, bemoedigende woorden gaven haar de kracht om in alle moeilijkheden vol te houden. Omdat ze met goede cijfers slaagde, ontwikkelden zelfs haar hoogleraren vertrouwen in Amma.

Wanneer een mahatma ons iets vertelt, begrijpen we de precieze betekenis van de woorden soms niet helemaal. Maar als we een open hart en geest hebben, zal het juiste begrip uiteindelijk aan ons bekend gemaakt worden.

Een ashrambewoner informeerde de anderen dat hij een overzeese reis naar zijn geboorteplaats zou maken. Hij ging naar Amma om Haar te vertellen dat hij vertrok. Amma zei: "Nee, je gaat nu niet." Hij had iemand die hem hielp bij de vertaling en samen probeerden ze Amma uit te leggen dat hij niet vroeg of hij moest gaan, maar Amma simpel inlichtte dat hij zou gaan. Amma zei weer: "Nee, je gaat niet." De man was verbaasd. Omdat hij niet met Amma wilde kibbelen, ging hij weg en voelde zich erg verward. Even later kwam hij erachter dat hij geen vlucht op de geplande vertrekdatum kon krijgen. Er waren ook andere problemen met het ticket, waar hij niets van wist. Maar Amma wist alles op Haar eigen goddelijke manier.

Toen we de stad Indore bezochten tijdens de Noord-India tournee in 2006, wachtten ons veel verrassingen. De grote mensenmassa's waren niet in bedwang te houden, maar temidden van de chaos waren er zoveel mooie verhalen van mensen van wie het leven dramatisch veranderd was. Ik hoorde bijvoorbeeld het verhaal van een vrouw die al drie maanden in coma lag. Ze werd 's avonds op een brancard naar Amma's darshan gebracht. Twee dagen na het ontvangen van Amma's darshan kwam ze uit haar coma en werd weer normaal.

De vrouw die geholpen had met het brengen van alle invalide mensen naar Amma's darshan, vertelde me haar eigen verhaal. Als alleenstaande moeder had ze in haar eentje drie kinderen opgevoed. Toen haar kinderen een maand voor het programma voor het eerst over Amma hoorden, werden ze verliefd op Haar. De hele maand wilden de kinderen niet naar radio- of filmmuziek luisteren, wat ze gewoonlijk deden. Van 's ochtends tot 's avonds speelden ze alleen Amma's Hindi bhajans, telkens opnieuw.

Haar kinderen, die wilden helpen met het werk vóór de tournee, liepen vele, vele kilometers door de stad om posters die Amma's komst aankondigden, op te hangen en om pamfletten met informatie over het komende programma uit te delen. Ze gingen naar invalideninstituten om mensen voor het programma uit te nodigen. Het meisje van veertien en haar broer van tien organiseerden bijeenkomsten in hun huis om het vervoer van mensen naar het programma te coördineren. Iedereen keek opgewonden naar Amma's bezoek uit.

Op de avond van het programma kleedde haar jonge dochter zich in een kleurige sari en droeg een kroon. Ze droeg ook de Indiase vlag. Ze beeldde Bharat Mata (Moeder India) uit en ging voor Amma uit om Haar te verwelkomen op de korte wandeling naar het podium. Maar door het uitzinnige geduw van de opgewonden menigte werd het meisje ontzettend bang, toen we naar het podium liepen en uiteindelijk gingen zitten. Complete chaos volgde toen het podium zich vulde met agressieve en onbeheersbare mensen die niet van deze plek wilden weggaan. In het gebied rondom het podium was het nog erger, omdat daar een uitzinnige mensenmassa helemaal op elkaar geperst zat.

Bharat Mata stond op de grond net voor het podium in een onbeweeglijke toestand. Amma pakte haar beet en trok haar snel op het podium. Hoewel het podium helemaal vol zat, maakten de mensen ruimte voor het bange meisje om naast ons te zitten. Ze was nog in een shocktoestand en langzaam rolden er tranen over haar gezicht.

Naarmate de avond vorderde, veranderde de menigte van een absolute chaos in een enigszins te beheersen chaos. Bharat Mata bleef de hele avond op het toneel. Toen ik later de kans had om met haar te praten, zei ze dat ze zo gelukkig was om hier bij Amma te zijn. Hoewel ze bang gemaakt was door de mensendrommen, had ze ernaar verlangd Amma's darshan te ontvangen en lange tijd naast Haar te zitten. Dat was precies waarom ze gebeden had en al haar wensen waren uitgekomen.

Als we onschuldige verlangens hebben, zal God ze op een dag zeker vervullen. Een bezoeker uit Noord-India kwam voor een paar dagen naar de ashram. Er was geen openbare darshan gepland voor de dag waarop hij aankwam en daarom besloot hij die dag in de keuken te helpen. Hij had een sterk verlangen naar Amma's darshan en bad oprecht om een wonder dat hij Haar darshan kon ontvangen. Hij besloot die dag te vasten totdat hij Amma kon zien. Nadat hij uren gewerkt had, nam hij een douche en deed andere kleren aan. Toen ging hij terug om bij de keuken te wachten voor het geval ze meer hulp nodig hadden.

Plotseling kwamen er een paar mensen met wat stoelen aan die naar boven naar Amma's huis gebracht moesten worden voor een bijeenkomst met belangrijke gasten en iemand van de pers. De man bood aan de stoelen te dragen. Nadat hij boven aan de trap was gekomen en de stoelen binnengezet had, werd de deur snel achter hem gesloten. Hij zat in de kamer ingesloten met slechts een paar mensen en Amma. Verbaasd, maar ontzettend gelukkig, ging hij rustig in een hoek zitten.

Amma sprak met verscheidene gasten en daarna had de verslaggever wat vragen voor Haar. Eén vraag ging over het verrichten van wonderen. Amma sprak lang met de gasten en gaf ze toen darshan voordat ze vertrokken. Er bleef slechts één man in de kamer achter. Amma riep hem en vroeg waar hij vandaan kwam. Hij zei dat hij uit Pune kwam en gaf toe dat hij de hele dag in de keuken gewerkt had. Toen hij de stoelen naar boven gedragen had, werden de deuren achter hem gesloten, wat hem in de kamer hield. Hij bekende dat hij een diep verlangen had darshan van Amma te krijgen, ook al wist hij dat het geen darshandag was. Amma had zeker zijn gebeden beantwoord.

We moesten lachen: hier was een wonder dat de verslaggever net gemist had. We dachten dat deze man een van de belangrijke gasten was. In alle eerlijkheid, hij was uiteindelijk de belangrijkste gast van de dag, omdat hij zo hard in de keuken gewerkt had. Door hard te werken, door zijn vertrouwen en onschuldig verlangen had hij zijn darshan verdiend en een appel van Amma om zijn vasten te breken.

Een vrouw uit Australië vertelde me over haar brandend verlangen Amma's voeten te aanbidden. Ze wilde Amma niet lastigvallen door dit te vragen, maar toch kon ze haar verlangen niet vergeten. Toen Amma later dat jaar in Australië was, ging Ze met een groep mensen naar de oceaan. Deze vrouw ontdekte dat ze naast Amma in enkeldiep water stond. Het was een zeldzame gelegenheid om met zo weinig mensen bij Amma te zijn. De vrouw realiseerde zich dat Moeder Natuur het antwoord op haar gebeden gaf. Ze knielde en met een hart vol devotie goot ze voorzichtig een paar handen met zeewater over Amma's voeten. Eindelijk waren haar gebeden verhoord en was het verlangen dat ze zo lang gekoesterd had, vervuld.

Amma beantwoordt alle gebeden van een onschuldig hart, zelfs die van Haarzelf. Tijdens Amma's jaarlijkse bezoek aan Calicut duren de nachten erg lang. Op een nacht ging Amma na de beëindiging van het darshanprogramma vroeg in de ochtend terug naar Haar kamer. Ze had de afgelopen dagen niet veel gegeten en daarom was Haar bediende op het idee gekomen een kleine traktatie, een *unniyappam*, voor Amma te bewaren. Nadat Amma die ene unniyappam gegeten had, zei Ze dat ze er nog een wilde. Haar bediende beweerde nadrukkelijk dat ze op waren, omdat ze zorgvuldig was geweest er maar een opzij te leggen. Als een klein kind hield Amma vol dat de bediende de waarheid niet sprak, omdat Ze wist dat er meer waren. De bediende wist zeker dat het wel de waarheid was: er waren er geen meer over. Amma, die opnieuw beweerde dat dit niet waar was, ging de kamer uit naar de keuken ernaast om er nog een te zoeken.

Ik stond in de hoek van de keuken en zag Amma's silhouet toen Ze de keuken binnenkwam. Ik kon Haar maar amper onderscheiden van de schaduwen, omdat het licht uit was en het erg donker was. De bediende volgde Amma en verklaarde nog steeds: "Eerlijk Amma, er is niets meer."

Amma kwam de keuken binnen en liep direct op de tafel af en stak haar arm in het donker uit. Ze vond een unniyappam die temidden van een hoop keukengerei en een groot aantal andere dingen op de tafel lag. Ze ging er in het donker recht op af en zei: "Alsjeblieft!"

Amma liep blij weg. Haar bediende en ik waren allebei vol ontzag dat Amma in het donker en temidden van een groot aantal andere dingen op de tafel ontdekt had waar Ze naar zocht. De bediende moest haar woorden inslikken terwijl Amma de tweede unniyappam kon opeten. Dit was opnieuw een demonstratie van Amma's wonderbaarlijke krachten op een eenvoudige, alledaagse manier.

Hoofdstuk 9

Stortvloed van genade

*Soms loop ik rond en
heb veel medelijden met mezelf,
maar de hele tijd dragen prachtige wolken
mij door de lucht.*

Indiaans gezegde

Amma heeft gezegd dat mensen kunnen groeien. Ze kunnen groeien en God worden. We hebben de capaciteit om in dit leven de Allerhoogste te bereiken. Men mag echter niet vergeten dat in een mum van tijd alles verloren kan gaan. Als een schaduw loopt de dood altijd achter ons. Als een ongenode gast kan de dood op zijn tenen lopend binnenkomen en alles wegnemen. Daarom zegt Amma dat we ons erop voor moeten bereiden de dood op ieder moment te ontvangen en hem glimlachend te verwelkomen.

Op een drukke darshandag in India ging de grootmoeder van een jong meisje met een wandelstok naar Amma's darshan. Ze zei tegen Amma dat ze het lichaam wilde verlaten.

Amma antwoordde: "Zou je familie je niet missen?"

"Nee, Amma, laat me alstublieft gaan." Amma stemde met tegenzin in. Vijftien minuten na de darshan viel de oude vrouw bij de lift neer en stierf. Hoewel de dood gewoonlijk als een trieste gebeurtenis wordt beschouwd, was iedereen ontzettend blij voor haar, omdat ze Amma's zegen ontvangen had en de genade had zo snel en pijnloos te vertrekken. Haar diepste wens was vervuld.

Amma laat sommigen vertrekken en Ze laat anderen blijven. Een nieuwe bewoner van de Amritapuri-ashram was verpleegster in Amerika geweest. Op haar eerste reis naar Amma's ashram in India reisde ze met de tournee naar Calicut in Noord-Kerala voor een zeer intensief programma van een paar dagen. Deze vrouw was opgetogen om met Amma voor de eerste keer op tournee te zijn. Ze had er altijd over gedroomd hoe het zou zijn met Amma in India te reizen.

Bij één programma riep Amma alle westerlingen op om op het podium te zitten. Vanwege gewrichtsreuma moest deze vrouw op een stoel zitten. Ze wilde het uitzicht op Amma niet blokkeren en daarom zat ze aan de rand van het podium. Nadat ze zich een uur lang rustig op Amma geconcentreerd had, voelde ze dat haar stoel geheel onverwachts achteroverviel en toen ondersteboven. Toen ze van het podium viel, had ze de sterke ingeving dat haar lichaam zou sterven. Ze viel direct op haar hoofd. Er was een heldere lichtflits en toen werd alles donker.

Het volgende dat ze zich kon herinneren, waren de tournee-dokters die over haar heen hingen en vragen stelden, maar ze kon geen woorden vormen om te antwoorden. Toen een dokter haar onderzocht, ontdekte hij symptomen van een ernstige hersenzwelling. Een andere dokter berichtte dat ze geen reflexen had en dat haar lichaam verlamd was. Ze kon haar lichaam helemaal niet voelen en het enige zintuig dat intact was, was het gehoor, want ze kon alles horen wat er om haar heen gebeurde. In haar hart riep ze om Amma. Alles wat ze zich van haar gedachten herinnert was: "Amma, ik ben hier net gekomen.

Laat me alstublieft bij u zijn. Laat me nu niet gaan." Mensen vertelden dat de enige woorden die telkens opnieuw uit haar mond kwamen "Amma, Amma, Amma" waren.

Plotseling voelde ze dat ze haar lichaam verliet en naar boven zweefde, maar ze kon zien dat ze nog aan het lichaam vastzat met een koord. Ze zweefde erboven en luisterde naar het geschreeuw van de mensen beneden, maar ze kon hen nauwelijks horen. Ze voelde zich mijlen ver weg en wist dat ze stierf.

Ze werd op een brancard gelegd en naar Amma gebracht. Amma boog zich heel laag voorover, zodat de vrouw Haar gezicht kon zien. Amma legde Haar hand op de borst van de vrouw en vroeg haar hoe ze zich voelde. Ze voelde de achterkant van het hoofd van de vrouw. De hele tijd keek Amma zeer bezorgd. Ze legde Haar hand op het voorhoofd van de vrouw en haar ogen sloten vanzelf. De vrouw voelde dat ze op een zeer vredige plaats vol gouden licht was, gedurende een tijd die opmerkelijk lang leek. Toen haalde Amma haar hand weg. De ogen van de vrouw gingen open en ze was terug in haar lichaam. Amma kuste haar gezicht en handen. Na een paar kussen vroeg Amma: "Oké? Meer?" en begon haar weer te kussen.

Ze voelde dat Amma als een dokter was die het welzijn van Haar patiënt vaststelde en haar hielp om weer op de wereld te kunnen reageren. Toen zei Amma: "Scan, scan, haast je, haast je!" en werd de vrouw naar het ziekenhuis gebracht. De CAT-scan liet een ernstige zwelling tussen de schedel en de hoofdhuid en ook een schedelbloeding zien. De dokters noemden het een wonder, omdat zulke ernstige zwellingen buiten de hersenen bijna altijd gepaard gaan met dodelijke hersenbeschadiging.

Ze begon weer langzaam normaal te functioneren en kon weer praten en haar handen bewegen. Ze werd naar de Amritapuri-ashram teruggestuurd en moest drie weken plat op haar rug blijven liggen. Regelmatig ging ze voor darshan naar Amma en Amma had Haar eigen stijl van medisch onderzoek. Ze stond erop dat ze rustte en een steunband om haar hals droeg als ze niet rustte. Na de derde week vroeg Amma haar of ze ergens pijn had. Op dat moment realiseerde ze zich dat de pijn van haar chronische gewrichtsreuma helemaal verdwenen was. Amma glimlachte plagend en zei: "Misschien de halsband af over een paar dagen. We zullen zien." Amma liet haar de halsband een week later afdoen. De dokters vonden dat haar genezing een daad van genade was en de vrouw weet dat het alleen Amma's genade was die haar in leven had gehouden.

Er zijn ontelbare verhalen over Amma's tijdig ingrijpen om Haar kinderen tegen groot letsel te beschermen. Een toegewijde uit Sri Lanka die hielp bij de Australische tournee in 2006, werd uitgenodigd bloemenkransen voor Amma te maken voor het programma in Perth. Drie dagen lang werkte ze hard en zag soms van slaap af. Als beloning voor haar harde werk werd ze uitgenodigd Amma op het vliegveld een bloemenkrans om te doen, toen Ze naar de volgende plaats op Haar tournee vertrok. De vrouw accepteerde de uitnodiging blij. Op het vliegveld deed ze Amma een bloemenkrans om. Tot verbazing van de vrouw verwijderde Amma de krans na een tijdje en gaf hem aan haar terug, wat ongebruikelijk is. Onmiddellijk hierna pikte Amma de dochter van deze vrouw uit de groep kinderen die op Haar wachtte, en liep met moeder en dochter verder. Onderweg haalde ze de grootmoeder van het kind uit de menigte en liep met hen alledrie verder. Iets verderop pauzeerde ze en haalde de echtgenoot van de vrouw erbij en gaf alle vier een liefdevolle omhelzing. Iedereen was verrast dat Amma de gezinsleden van verschillende plaatsen oppikte en hen allemaal samenbracht, hoewel ze niet eerder samen naar Amma's darshan waren gegaan.

Een paar maanden later kreeg de echtgenoot een ongeluk toen hij in een mijn werkte. Omdat hij minstens zeven minuten in een sleuf levend begraven was, was hij bewusteloos toen ze hem eruit trokken en per ambulance naar het ziekenhuis vervoerden. Bijna al zijn ribben en zijn schouderbladen waren gebroken. Daarom werd hij wekenlang kunstmatig in coma gehouden. De dokters waren er niet zeker van of hij zou overleven. Ze maakten zich zorgen dat hij, zelfs als hij zou overleven, blijvend invalide zou zijn.

De hele stad organiseerde speciale gebeden voor zijn herstel. Tot ieders verrassing was hij erg snel buiten levensgevaar. Zijn vooruitgang was een raadsel voor de artsen. Pas maanden later besefte het gezin waarom Amma hen uitgekozen had voor een unieke en speciale gezamenlijke zegen.

Toen de man volledig hersteld was, toonde het plaatselijke dagblad belangstelling voor zijn verhaal. Hij vertelde hun dat hij geloofde dat Amma's sankalpa hem gered had. Hij dacht dat Ze van dit ongeluk geweten had, voordat het gebeurde. Hij kwam tot het inzicht dat de gezamenlijke darshan een levensreddende zegen van Amma was geweest. Hij en zijn gezin zijn Amma eeuwig dankbaar voor het teruggeven van zijn leven en de hereniging met elkaar.

Een Europese vrouw die al lang in de ashram woonde, vertrouwde me toe dat ze altijd bezorgd was dat ze niet het geld had om bij Amma in India te leven. Ze wilde niet naar haar land teruggaan om te werken en geld te verdienen. Ze wilde alleen maar in de ashram blijven om Amma te dienen. Ze vertelde niemand hierover, maar bad heimelijk tot God om een oplossing. Ze vroeg zich af of God haar gebeden zou verhoren.

Amma riep haar op een dag uit eigen beweging en zei haar dat ze in de ashram moest blijven, hoewel ze geen geld had. Vanwege haar houding van overgave werden haar stille gebeden verhoord.

Een toegewijde in Bangalore herstelde van een zware operatie. Daarom kon ze helemaal niet op de grond zitten. Tijdens Amma's bezoek aan Bangalore bezocht ze het programma en 's avonds laat besloot ze naar de eetzaal te gaan voor haar avondeten. Ze had eerder gezien dat er maar één stoel in de hele eetzaal was en daarom was ze bezorgd. Staand eten zou moeilijk zijn voor haar. Ze ging de eetzaal binnen en zag tot haar grote verbazing dat de enige stoel niet gebruikt werd, hoewel de ruimte vol mensen was. De toegewijde voelde dat Amma bij haar was en haar zelfs in dit kleine gebaar leidde en beschermde, dat Ze haar hand vasthield op weg naar herstel.

Als we met een onschuldig hart oprecht moeite doen, zal er zeker een stroom van genade naar ons komen. Een jonge studente uit de ashram vertelde me dat ze twee opdrachten voor haar universitaire curriculum voltooid had, terwijl ze mee op tournee was en fulltime de boekenafdeling bemande. Ze had in haar vrije tijd onder de meest vreemde omstandigheden gestudeerd: in een kast, onder de tafel en altijd met zoveel afleiding. Later ontdekte ze met een schok dat ze voor deze twee opdrachten haar hoogste cijfers gekregen had. We vonden dat

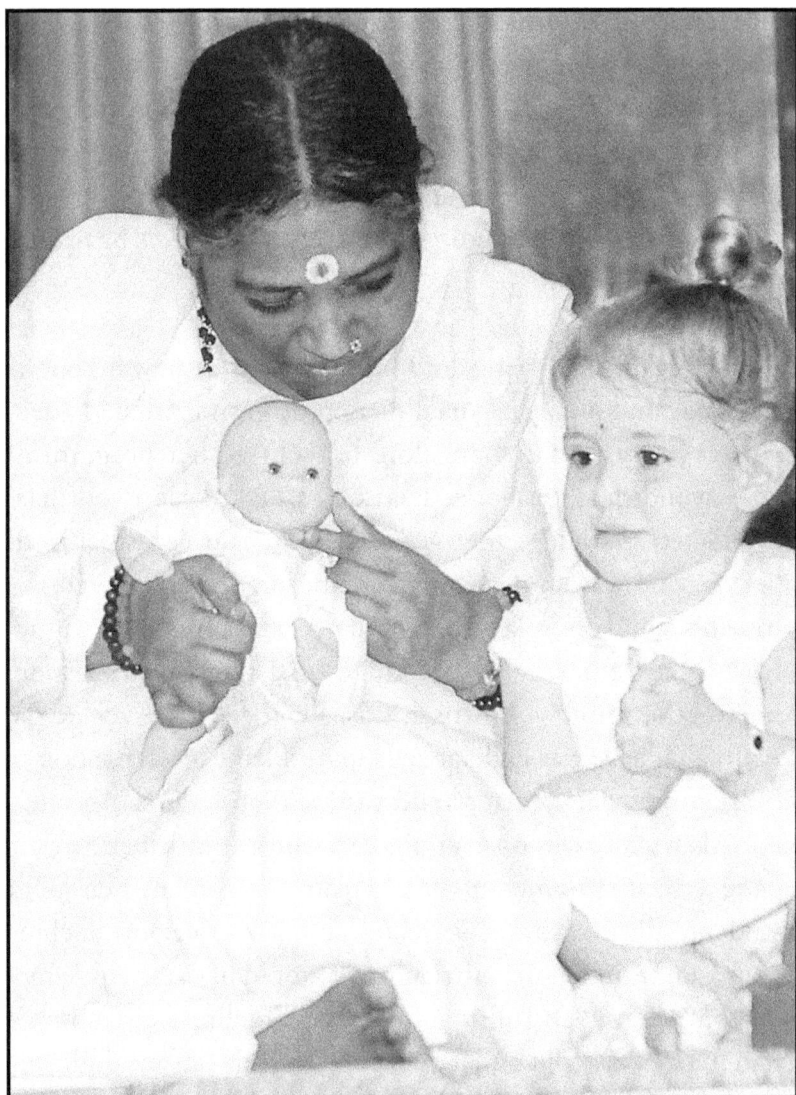

dit een tastbaar bewijs was dat de stroom van genade gewoon naar ons toe komt door de inspanning die we leveren.

Een brahmacharini die op de Amrita-universiteit lesgeeft, zei dat als ze dacht iets af te weten van het onderwerp dat ze ging onderwijzen, de les nooit goed verliep. Maar wanneer ze besefte dat ze echt niets wist, dan begon Amma's genade te werken om alle gaten op te vullen en had ze succes bij het geven van de les.

De houding van 'ik' en 'mijn' is het grootste obstakel voor het verkrijgen van Gods genade. Als we onze houding van gewichtigheid kunnen laten varen, kunnen er prachtige wonderen gebeuren. Amma is het grootste voorbeeld van wat er gebeurt, wanneer men echt onbaatzuchtig wordt. Iedere handeling van Haar is bezield door goddelijkheid. Ze is een belichaming van liefde en mededogen.

Er was een jongetje dat iedere dag van de kleuterschool thuiskwam met een bloem die hij op het altaar voor Amma's foto legde. Op een dag bracht hij een echt vuile bloem mee en zijn moeder zei hem dat hij die niet op het altaar mocht leggen. Hij zei dat Amma de bloem toch wel mooi vond, of hij nu vuil was of niet. Zijn moeder kon hierop niet echt antwoord geven en hield daarom haar mond.

Later dat jaar bracht Amma Haar jaarlijkse bezoek aan Mumbai en het jongetje maakte zich klaar om Haar te gaan zien. Hij zei tegen zijn moeder dat Amma hem alle bloemen terug ging geven die hij Haar aangeboden had. "Heb je ze daarom daar neergelegd?" vroeg zijn moeder.

Het jongetje verdedigde zich door te zeggen "Nee!" Toen ze voor darshan naar Amma gingen, stond hij voor Haar met

zijn hand uitgestoken. Amma nam een grote handvol bloemen en strooide die over zijn hoofd. Nog steeds had hij zijn
open hand uitgestoken naar Amma en dus nam Ze nog wat
bloemen en drukte die in zijn hand. Ze sloot zijn hand over de
bloemen zodat ze er niet uit konden vallen. Toen zei Ze tegen
hem: "Alsjeblieft! Is de rekening nu vereffend?" Hij keek om
en glimlachte naar zijn moeder alsof hij wilde zeggen: "Zie je
wel, ik heb het je gezegd!"

Amma zegt dat Ze evenveel affectie voor iedereen voelt, maar
soms gaan door de onschuldige liefde en devotie van sommige mensen Haar gedachten naar hen uit. Wanneer Haar geest
naar iemand toe getrokken wordt of wanneer de herinnering
aan bepaalde mensen steeds opnieuw in Haar opkomt, voelt
Amma dat dit genade is.

Er deed zich een situatie voor waar ik Amma echt in zo'n
toestand meemaakte, waarin ik voelde dat Haar genade stroomde. Het was na een programma van drie dagen in Trivandrum.
Amma had in deze tijd nauwelijks gerust. Op sommige dagen
had ze slechts een onderbreking van een uur tussen het och-
tend- en avondprogramma.

Na het laatste avondprogramma waren er vier huisbezoeken gepland. Het was al halverwege de ochtend en zonder
te slapen vertrokken we voor de huisbezoeken. Net voor het
laatste bezoek zei Amma dat Ze buitengewoon moe was, maar
er was niets aan te doen, omdat Ze beloofd had nog één huis
te bezoeken.

Op weg naar het laatste huis zagen we een oudere man die
met een paar volgelingen aan de kant van de weg wachtte. Zij
zouden in de eerste wagen rijden om ons naar zijn huis te leiden.

Amma's gezicht klaarde op toen Ze zag dat het iemand was die al vele, vele jaren aan Haar toegewijd was. Toen wij eraan kwamen, renden de mannen naar de auto om in te stappen. Een paar seconden later sprongen ze uit de wagen en begonnen hem over de weg aan te duwen. We lachten om het grappige gezicht, het begin van ons meest gedenkwaardige huisbezoek.

Uiteindelijk bereikten we onze bestemming en waren overweldigd door het enorme aantal mensen dat op Amma's komst wachtte. Het was een heel arme buurt, maar vol mensen die Amma zeer toegewijd waren. We liepen door de mensenmassa over het lange pad, waar de grond met witte doek bedekt was om Amma's blote voeten te beschermen. Ten slotte kwamen we bij een klein houten huisje.

De menigte was vol devotie en iedereen schreeuwde om bij Amma in de buurt te zijn. Het duurde een tijdje om tussen iedereen door de kleine *puja*kamer in het midden van het huis te bereiken. De toegewijde man en zijn vrouw verrichtten een *pada puja* en deden een paar gouden enkelbanden om Amma's voeten. Ze waren ongelooflijk gelukkig, omdat dit jarenlang hun droom was geweest. Nadat ze de puja gedaan hadden, vroeg Amma de man hoe het met zijn gezondheid was. Als een klein kind antwoordde hij Haar: "O Amma, ik heb tien dagen niet kunnen slapen, omdat ik wist dat u zou komen."

Amma neemt het gezin gewoonlijk mee in een aparte kamer om privé een paar minuten met hen te spreken. Toen Ze rondkeek, zag Ze dat ze geen andere kamers hadden, omdat het weinig meer was dan een simpele hut. Amma vertelde het echtpaar dat ze wat moesten slapen, nadat Ze vertrokken was, want Ze wist dat de vrouw suikerziekte had en de man eerder een drievoudige bypassoperatie ondergaan had. Amma had door dat ze de hele nacht op waren geweest en was bezorgd over hen.

De menigte die zich verzameld had, wachtte begerig op Amma's prasad. Amma besloot in plaats van alleen maar iets aan iedereen te overhandigen iedereen darshan te geven. Dit leek mij zeer alarmerend omdat ik wist dat er meer dan honderd mensen waren en Amma erg moe was. Maar Ze wilde ieder van hen zegenen. We werden alle kanten opgeduwd door de wanhopige mensen die op Amma's darshan wachtten.

Ik zocht een schuilplaats bij de kleine pujakamer aan de rand van de menigte. Binnen was een vrouw zo overmand door devotie dat ze vol tranen bad en al haar problemen aan God vertelde. Ze leek hopeloos bedroefd en buitengewoon toege-wijd. Onze fotografe was diep bewogen en begon spontaan deze vrouw haar eigen 'darshan' te geven. Ik was verbaasd toen ik me omdraaide en haar de vrouw stevig zag omhelzen en haar tranen afdrogen. Amma zat aan één kant van de kamer en gaf iedereen snel darshan en onze fotografe zat op drie meter afstand in het kleine pujakamertje en gaf haar eigen troostende, warme omhelzingen aan deze vrouw. Door in de nabijheid van Amma's overweldigende liefde te zijn kan ons hart overstromen van compassie.

Aan het einde van de darshan liepen we door de opgewon-den menigte naar de auto. Toen we wegreden, dacht ik eerst dat Amma tot het uiterste gedreven was door uitputting, maar ze was daarentegen in vervoering. Ze glimlachte gelukzalig en alle tekenen van vermoeidheid waren verdwenen.

Ze zei: "Dat was prachtig! Ik ben blij dat ik de kans had naar zo'n arm huis te gaan. Ze hebben vast heel weinig, maar ze hebben me deze gouden enkelbanden gegeven. Ik zou ze terug moeten geven, maar in plaats daarvan kunnen we hun wat geld geven." Ze zei tegen de brahmachari die reed, ervoor te zorgen dat er in al hun medische behoeften voorzien werd. Ook moest hij uitzoeken of ze iets nodig hadden en het voor hen kopen. Ik kon zien dat Amma's hart overstroomde van liefde en zorg voor dit oudere echtpaar. Zelfs toen we een heel eind gereden hadden, bleef Amma aan hen denken en zei opnieuw tegen de brahmachari dat hij niet moest vergeten hen te helpen. Ze zei: "O, ik hoop dat ze nu wat slaap krijgen, omdat ik weet dat ze niet geslapen hebben en ik bang ben voor hun gezondheid als ze het niet doen."

Hoewel Ze zelf de afgelopen dagen nauwelijks een paar uur geslapen had, was Amma bezorgd over de slaap en gezondheid van Haar kinderen. Ik kon zien hoe Amma's geest en hart echt naar deze mensen werd getrokken vanwege hun onschuldige devotie. Ik kon voelen dat Amma's genade naar hen stroomde.

We denken vaak dat alleen mensen die iets verdienen, het horen te krijgen. Maar Amma, met Haar alomvattende liefde, voelt dat vooral degenen die iets niet verdienen, de kans moeten hebben. Hoe kunnen ze anders leren om te veranderen?

Toen we in een bepaald jaar in de Verenigde Staten aankwamen en de immigratieformaliteiten afhandelden, vroeg de man aan de balie aan Amma of Haar man met Haar meereisde. Ik antwoordde namens Haar en vertaalde voor Haar wat hij zei. Ik lachte in mezelf om de gedachte dat Amma getrouwd zou zijn. Amma had ook een verbaasde blik op Haar gezicht, toen ik in het Malayalam herhaalde wat de man Haar gevraagd had.

Amma bleef verbaasd kijken en daarom herhaalde ik wat ik gezegd had meerdere keren en zei het ten slotte nog een keer in het Engels. Amma zei niets. Later, toen we het vliegveld

119

verlaten hadden en in een busje reden, lachte Amma toen ze vertelde wat ik voor Haar vertaald had. Ze zei iedereen dat ik in het Malayalam gezegd had dat de immigratieambtenaar vroeg of Ze kakkerlakken bij zich had. Ze dacht dat ze misschien vermoedden dat er in India een paar in onze bagage waren gekropen en ze dit controleerden omdat ze tegenwoordig uiterst streng zijn.

Amma zei schertsend dat Ze zelfs Haar eigen taal niet meer juist spreekt, omdat Ze zoveel luistert naar degenen van ons die het niet correct spreken. Hoeveel fouten we ook maken, Ze accepteert ons en giet onophoudelijk Haar stortvloed van genade over ons uit. Amma zou slimme, jonge, intelligente mensen kunnen hebben om Haar te dienen, maar om onbekende redenen, een daad van genade, laat Amma mensen als ik Haar dienen. Haar mededogen en geduld zijn zelfs groter dan Haar liefde.

Hoofdstuk 10

Onophoudelijke inspanning

"Wat is het geheim van uw succes?" vroeg iemand aan George Washington Carver. Hij antwoordde: "Ik bid alsof alles van God afhangt en daarna werk ik alsof alles van mij afhangt."

Toen Buddha op zijn sterfbed lag, merkte hij op dat zijn jonge leerling Ananda stilletjes huilde. "Waarom huil je, Ananda?" vroeg hij.

Ananda antwoordde: "Omdat het licht van de wereld op het punt staat uit te gaan en wij in het duister zullen zijn."

Buddha verzamelde al zijn overgebleven energie en sprak wat zijn laatste woorden op aarde zouden zijn: "Ananda, Ananda, wees een licht voor jezelf."

Amma herinnert ons telkens opnieuw aan hetzelfde. Ze zegt ons: "In werkelijkheid hebben we allemaal een oneindig potentieel in ons. Terwijl we een klein kaarsje vasthouden, kunnen we denken: 'Hoe kan ik verdergaan in het duister?' Maar we moeten gewoon vooruit blijven gaan, stap voor stap, en de duisternis zal geleidelijk verdwijnen."

Sommige mensen willen het doel zonder veel inspanning bereiken. Ze zijn altijd op zoek naar een gemakkelijkere weg zonder zich in te spannen. Maar, zegt Amma, de kwaliteit gaat achteruit als er steeds meer korting wordt gegeven. We zijn lui geworden. Zelfrealisatie kan niet gegeven worden. Het moet voortkomen uit een geleidelijk opengaan van het hart door onophoudelijke inspanning van de zoeker, wat kan culmineren in de genade van de guru. Het kan niet afgedwongen of geëist worden.

Amma is altijd degene die zich tot het maximum inspant om ons als voorbeeld te dienen. In de begintijd was Amma de eerste die met een bepaald werk begon dat in de ashram gedaan moest worden. Ze maakte de eerste stenen die gebruikt werden om de ashram te bouwen en klom als eerste in de beerput om hem schoon te maken. Toen mensen in de ashram kwamen wonen, zei Amma hun dat ze nooit een parasiet mochten worden. In plaats daarvan moesten ze hard werken en onafhankelijk zijn. Amma heeft altijd vooropgelopen als degene die het hardste werkt. Ze heeft altijd door haar persoonlijke voorbeeld onderwezen, niet alleen door woorden.

Amma instrueerde de brahmachari's hoe ze holle bakstenen moesten maken van cement en zand. Iedere brahmachari moest tien bakstenen maken. Amma zei hun dat ze moesten onthouden hoeveel cement en zand ze gebruikt hadden om er zeker van te zijn dat ze het in de juiste verhouding gemengd hadden.

Eén brahmachari besloot in het zand te schrijven hoeveel zand en cement hij toegevoegd had, maar vergat na een tijdje de hoeveelheden op te schrijven. Soms voegde hij wat meer cement toe en dan dacht hij: "O, ik heb teveel cement, daarom moet ik wat meer zand toevoegen." Dan voegde hij wat zand toe en herhaalde het hele proces opnieuw. Na een tijdje begon hij eindelijk stenen te maken. Toen hij tien stenen af had, was er genoeg mengsel over om nog tien stenen te maken, maar hij dacht: "Ik heb mijn tien stenen gemaakt. Dat was de opdracht. Laat de rest maar zitten." En hij ging terug naar zijn hut om te rusten.

Toen Amma erachter kwam dat er ruw materiaal rondslingerde dat verloren ging, riep Ze de brahmachari en zei: "Waarom heb je zoveel materiaal verspild?"

Hij antwoordde: "Amma, ik heb mijn plicht gedaan. U heeft me gevraagd tien stenen te maken en u kunt zien dat mijn tien stenen klaar zijn. Ik weet niet wat we met het overgebleven materiaal aanmoeten."

Amma houdt nooit op de ashrambewoners te leren hoe ze onbaatzuchtig moeten werken met alertheid en bewustzijn. Dit is geen gemakkelijke taak omdat ons ego zo koppig is.

Nadat het programma in Palakkad in 2006 voorbij was, gingen we direct naar Trissur voor het volgende programma. In de auto bleef Amma zeggen dat Ze graag wat tijd wilde doorbrengen met de brahmachari's die onvermoeibaar in Nagappattinam geholpen hadden bij het bouwen van de tsunamihuizen. Ze dacht onder de reis de hele tijd aan hen. De hele weg hield Ze in de gaten of hun voertuig in de buurt was. Zodra we aankwamen, was mijn eerste vraag: "Waar kan ik gaan slapen?" Amma's eerste vraag was: "Waar zijn de brahmachari's? Roep ze," omdat Ze bij hen wilde zitten.

Waar we ook heen gaan in de wereld, zodra we in een nieuwe stad aankomen, gaat Amma altijd eerst een tijdje met de plaatselijke mensen praten, zelfs als we de hele nacht gereisd hebben. Het doet er niet toe hoe vermoeid Ze is of hoe laat het is. Toen we in 2005 internationaal reisden, hadden we bijna 48 uur in allerlei vliegtuigen gezeten, voordat we ten slotte in Zürich aankwamen voor het begin van de Europese tournee.

Bij aankomst op ons logeeradres in het huis van een toegewijde kwam Amma Haar kamer niet eens in. Ze ging bij de
plaatselijke toegewijden in de gang buiten Haar kamer zitten
en begon toen al Haar nieuwe bhajans in het Duits te oefenen,
omdat Ze weet hoe gelukkig het de mensen maakt als Ze in
hun moedertaal zingt. Hoewel Amma fysiek net zo moe kan
zijn als wij allemaal, heeft Ze de mentale kracht om zich boven
de beperkingen van het lichaam te verheffen.

Je ziet dat Amma's houding altijd perfect blijft, ook al moet
ze urenlang op dezelfde plaats zitten. Op het podium wiebel
ik vaak rond en kan ik niet stil zitten, terwijl ik er slechts een
fractie van de tijd hoef te zitten die Amma er zit. Amma zit
perfect stil in dezelfde houding, hoewel Ze, net als ik, ook pijn
in Haar benen kan hebben.

Amritavarsham50 was een uiterst hectisch evenement van
vier dagen met talloze programma's, maar met erg weinig eten
en slaap voor ons. Aan het einde van het laatste programma
nam Amma wat rust en reisde toen terug naar de ashram.

Een swami die gewoonlijk niet met Amma meereist, had
de zeldzame gelegenheid om naar de ashram terug te reizen
in de voorste stoel van de auto. Amma had de schoonmaak
besproken die gehouden moest worden om er zeker van te zijn
dat het stadion helemaal schoon werd achtergelaten. Nadat we
een stukje gereden hadden, stopte Ze de auto onverwacht en
vroeg de swami terug te gaan en te controleren of de toiletten
goed schoongemaakt werden en alles in een betere toestand
werd achtergelaten dan wij het aangetroffen hadden. Hij was
blij om zijn kans met Amma te reizen op te offeren, omdat hij
wist hoe belangrijk Ze het vond dat er een voorbeeld gesteld
werd door het stadion in goede orde achter te laten.

Amma riep een andere brahmachari om met ons mee te rijden toen we onze reis vervolgden. Toen we naar de ashram terugreden, kon ik nauwelijks wakker blijven, maar Amma die in 24 uur aan meer dan 50.000 mensen darshan had gegeven, was helder wakker. Ze zat naar voren op het randje van de achterbank de hele weg van Cochin naar Amritapuri, terwijl Ze de gebeurtenissen van de afgelopen dagen met ons besprak. Terwijl Zij met Haar rug helemaal recht zat en nooit de achterkant van de stoel raakte, lag ik in elkaar gezakt over de andere kant van de bank, uitgeput. Dit is vaak het geval. Ik ben als een batterij die na een tijdje leeg is, terwijl Amma altijd direct met de Bron verbonden is.

Op de Noord-India tournee in 2006 zijn we in Mumbai geweest voor een programma van een paar dagen. Na een drukbezocht programma in de stad gingen we terug naar de ashram in Nerul in de buitenwijken van de stad. Amma had helemaal niet gerust. Ze was de hele nacht zelfs niet naar het toilet geweest. Bij aankomst in de ashram ging Ze meteen naar één kant van de grote hal en begon de rommel die daar was opgeslagen te onderzoeken.

Amma heeft de gewoonte direct op plaatsen af te gaan waar dingen verborgen zijn die niet gevonden mogen worden. Ze ging naar de hoeken van de hal waar onnodige spullen waren opgeslagen, en begon deze dingen op te ruimen. Omdat de ruimte in de ashramhal erg beperkt was, maakte Ze plaats vrij waar mensen tijdens de komende programma's konden zitten. Dat deed ze aan alle kanten van de zaal en aan de achterkant van de ashram. Gelukkig zijn er altijd veel bereidwillige wer-kers die te voorschijn komen wanneer Amma begint te werken.

Wanneer Ze met het werk begint, weet Ze dat het heel snel voltooid kan worden.

Toen Amma het hele gebouw doorging om dingen schoon te maken en op te ruimen, stuitte Ze op alle plekken die men vergeten had. Er stond een stapel dozen met artikelen van de boekwinkel, die daar achtergelaten was en ruimte innam. Ze vroeg ons al deze dingen te verplaatsen zodat daar weer een paar mensen konden zitten. Amma, die altijd aan anderen denkt, spant zich in, zelfs na een lange nacht darshan geven, om ons te laten zien dat het werk nooit af is.

Waar ter wereld we ook zijn, Amma is de altijd waakzame gebouweninspecteur, naast al het andere werk dat Ze doet. Niets dat iemand wil verbergen, ontsnapt ooit aan Haar blik. Hoewel Amma zeer beperkt formeel onderwijs heeft genoten, strekken Haar kennis en leiding zich uit over veel uiteenlopende gebieden.

Toen we het afgelopen jaar in Amma's ashram in Trissur aankwamen, stuitten we op een spervuur van verblindende flitslichten van de persfotografen. Ik kon achteraf niet goed zien omdat de flitsen zo sterk waren geweest.

Toen we verder liepen naar Amma's kamer, was ik echt verbaasd dat Ze net buiten de kamer stopte, op de grond wees en zei: "Kijk!" Ze keek naar een klein barstje in de betonnen vloer. Ik weet niet hoe Ze dit kon zien, omdat ik nog halfblind was van de cameraflitsen. Amma zei: "Ze hebben er niet goed water over gegoten, toen het beton gestort werd." Amma ging Haar kamer binnen, teleurgesteld door het gebrek aan zorg en aandacht van de werkers. Niets ontgaat Amma ooit, omdat Ze altijd in iedere situatie alert is, waar we ook zijn.

De weinige keren dat we het AIMS-ziekenhuis bezocht hebben, hebben de artsen trots geprobeerd Amma de nieuwste medische apparatuur die ze verworven hadden, te laten zien. In plaats van hun apparatuur te bewonderen onderzoekt Amma gewoonlijk de stukjes aardewerk in de vloer en de plaatsen waar een plafondtegel ontbreekt en wijst Ze aan waar mensen onzorgvuldig zijn geweest.

Ze probeert ons voortdurend te leren hoe we onze activiteiten juist moeten verrichten zonder iets te misbruiken of te verspillen.

In Santa Fe was een bepaald avondprogramma heel laat afgelopen. Zoals gewoonlijk was het ochtend tegen de tijd dat de darshan afgelopen was. We gingen allemaal nog later naar bed en iedereen was uitgeput, behalve Amma. Ze maakte gebruik van dit stille moment in het huis om de keuken een bezoekje te brengen en begon wat ijs uit de diepvries te eten. Haar bediende volgde Haar heimelijk en schrok toen ze zag wat Amma als ontbijt at. Ze ging direct naar de kamer waar ik verbleef en maakte me wakker. Ze riep dat Amma niet naar haar wilde luisteren en dat ik moest komen en proberen Haar van het eten van ijs te weerhouden.

Het was een ontmoedigend idee hoe ik de Goddelijke Moeder van het universum ervan moest weerhouden ijs te eten als Ze dat wilde.

Gelukkig was Amma opgehouden met ijs eten tegen de tijd dat ik in de keuken kwam. (Ze moet gehoord hebben dat ik eraan kwam en besloten hebben niets meer te eten uit vrees voor me.) Tegen de tijd dat ik in de keuken kwam, was Amma verhalen van vroeger aan het vertellen aan de paar mensen die zich daar verzameld hadden.

Amma vertelde een verhaal van vele jaren geleden toen Ze de oude ashramkeuken binnenging, waar Ze een brahmachari aantrof die probeerde onschuldig te kijken met zijn handen op zijn rug en een voet op een zak rijst. Omdat Amma zijn schuld kende, keek Ze achter de zakken die in de kleine voorraadkamer waren opgeslagen. Tot zijn schrik ontdekte Ze onmiddellijk een bord dat hij daar zojuist verborgen had. Toen ze het deksel van het bord afnam, vond Ze een grote portie rijst met zeer veel kostbare *sambar*poeder eroverheen en nog een klein beetje rijst er bovenop om te verbergen wat eronder zat. Ze berispte hem dat hij zoveel van het kostbare poeder genomen had, waarvan men wist dat het niet goed was voor de beoefening van *brahmacharia*. In die dagen was het voedsel soms schaars en dus hadden we allemaal onze zeer ingenieuze manieren om iets uit niets te halen in de beperkte voorraden die in de keuken beschikbaar waren. Hoewel we vaak dingen voor Amma proberen te verbergen, zal Ze er altijd achter komen wat we gedaan hebben.

Jaren geleden op de eerste retraite die Amma in Australië gaf, verbleven we in het landelijke kustdorp Somers, bij Melbourne. Na de ochtenddarshan keerde Amma terug naar het huis waar Ze verbleef. Ze liep de keuken in, ging direct naar de compostemmer toe en stopte vervolgens Haar arm erin. Ze haalde er een halve kokosnoot uit. Ze zei tegen het meisje dat die dag kookte: "Wat is dit, dochter?"

Het meisje mompelde: "Het is een halve kokosnoot, Amma." Amma vroeg: "En wat doet die in het vuilnisvat?"

Het meisje antwoordde: "Er zit wat schimmel in." Amma pakte een lepel en schraapte het kleine stukje schimmel weg.

Ze antwoordde: "De rest hiervan kan nog geraspt worden en voor het eten gebruikt worden. Verspil geen voedsel, dochter."

In Haar leven heeft Amma zoveel lijden gezien door armoede en gebrek aan basisbenodigdheden. Daarom is Ze erg streng voor ons als Ze ontdekt dat we onnodig afval hebben gecreeerd. Iedere dag komen er honderden mensen naar Haar toe met hartverscheurende verhalen over ontberingen door gebrek aan goed eten, geld of medicijnen. Daarom laat Amma nooit een gelegenheid onbenut om ons iets belangrijks te leren uit onze alledaagse handelingen. Ze doet Haar uiterste best om ons altijd in de juiste richting te leiden.

Elke dag stellen honderden mensen Haar vragen en schrijven Haar brieven. Amma probeert die allemaal te beantwoorden, maar Ze heeft Haar eigen manier van antwoorden. We hoeven niet altijd een direct antwoord te krijgen, maar we moeten erop vertrouwen dat Ze ons gehoord heeft. Soms antwoordt Ze ons niet, omdat Ze zegt dat er dingen zijn die we direct van het leven zelf moeten leren.

In 2004 had Amma het gevoel dat iets de Amerikaanse tournee kon onderbreken. Het Parlement van Wereldreligies nodigde Amma uit om hoofdspreker te zijn op een conferentie die in Barcelona, Spanje, gehouden werd, precies in het midden van de tournee. Eerst aarzelde Ze om naar het programma te gaan, maar uiteindelijk stemde Ze ermee in om Haar Europese kinderen de vreugde te geven Haar meer dan één keer per jaar te zien. Toegewijden kwamen uit de hele wereld: uit Finland, Engeland, Duitsland, Frankrijk, Denemarken en Zwitserland. Uit bijna ieder land waren mensen aanwezig. Ze waren allemaal in vervoering omdat ze Amma zouden zien.

Amma had aangegeven dat Ze na Haar toespraak een spontane darshan zou geven aan mensen aan de zijkant van de zaal. Ze zou geen prasad geven, maar slechts een snelle darshan aan hen die dat wilden. Uiteindelijk werd Amma uitgenodigd darshan te geven in een tent die was opgezet was door een sikh gemeenschap die uit Londen gekomen was om gratis voedsel uit te delen aan alle deelnemers aan de conferentie. Amma gaf een langzame, liefdevolle darshan aan iedereen, aan de duizenden die verschenen. Er waren geen formele darshanrijen of kaartjes. De swami's en andere musici zongen zonder luidsprekers in de schaars verlichte tent.

Toen Amma de darshan beëindigd had, deelde Ze het avondeten uit aan allen die in de tent achterbleven. Amma regelde de verdeling en het opdienen van het eten. De oorspronkelijke maaltijd van een appel, drie chapatti's en curry werd gereduceerd tot een kwart appel, een chapatti en een beetje curry. Amma deed er meer dan een uur over om nauwgezet 1000 mensen te eten te geven met voedsel dat bedoeld was voor 150. Iedereen was in de zevende hemel omdat hij zo vol liefde bediend was en kon niet geloven dat Amma zoveel van zichzelf kon geven.

Om drie uur 's nachts keerden we eindelijk terug in het huis waar we verbleven. We waren op de rand van uitputting, omdat we die ochtend direct uit Amerika vertrokken waren, en binnen een paar uur moesten we terugkeren. Maar Amma was nog steeds op dreef. Ze wilde niet slapen, zoals wij, maar wilde verschillende punten van de toespraken bespreken.

Niemand kan Amma ooit bijhouden. Er zijn meerdere mensen nodig, die in verschillende ploegen werken, om Haar bij te houden. Een van de swami's nam Amma bij de arm en begeleidde Haar naar de kamer waar Ze zou moeten slapen. Hij smeekte Haar om te proberen wat te slapen, toen hij de deur liefdevol dichtdeed en Haar in de kamer achterliet. Iedereen trok zich terug in de kamers die voor ons geregeld waren, erg blij dat we eindelijk konden rusten omdat Amma veilig in Haar kamer was.

Heel snel vielen we in slaap, maar even later werd ik wakker door Amma's lach. Ze stond in de deuropening van onze kamer en lachte toen Ze zag hoe wij, vrouwen, als sardientjes in een blik lagen te slapen. Niemand anders werd wakker, omdat ze oververmoeid waren. Ik dacht: "Laat ik Amma maar wat vrijheid geven," en dus volgde ik Haar niet.

Toen we een paar uur later opstonden, kwamen we erachter dat Amma helemaal niet was gaan slapen. We gingen het vliegtuig weer in na minder dan 36 uur in Barcelona te zijn geweest en vlogen terug om de Amerikaanse tournee voort te zetten. Wie vliegt er voortdurend zo de halve wereld rond alleen maar om de mensen gelukkig te maken? Alleen Amma.

Ze is het nooit beu anderen te dienen. Op dagen met openbare darshan in de Amritapuri-ashram geeft Amma vaak van 's ochtends tot 's avonds darshan. Na deze lange darshansessies moet Ze uitgeput zijn, maar uit medeleven gaat Ze meestal direct naar het podium om bhajans te zingen. Op deze manier geeft Ze ons allemaal een voorbeeld. Amma laat geen kans voorbij gaan om Haar kinderen te inspireren. Zo groot is de onvermoeibare liefde van een gerealiseerd wezen.

Ons lot is de inspanning die we in het verleden geleverd hebben. Om genade te verdienen moeten we ons nú inspannen, zelfs in de jeugd beginnen als we dat kunnen.

Een achtjarig meisje, dat de ashram in India bezocht, was buitengewoon enthousiast over het bijwonen van de vroege ochtend*archana*. Ze ging bijna om de andere dag met haar moeder mee. Haar moeder vroeg haar dit nooit, maar als ze haar dochter 's morgens wakker maakte, stond ze onmiddellijk op, pakte haar archanaboek en was klaar om te gaan. Eerst dacht haar moeder dat haar dochter spoedig nadat de namen begonnen waren, in slaap zou vallen, maar tot haar verbazing volgde het meisje alle duizend namen. Soms wist ze niet bij welke naam ze waren en dan vroeg ze dat aan haar moeder. Haar moeder moest dus extra alert zijn.

Na de duizend namen en de arati, gingen ze naar het binnenste heiligdom van de tempel om het beeld van *Kali* daar te zien en haar schoonheid te bewonderen. Na de eerste archana zei haar dochter tegen haar dat ze niet alle moeilijke namen uit kon spreken. Haar moeder stelde haar gerust dat dit normaal is en dat zelfs de meeste volwassenen ze niet juist kunnen reciteren. Haar dochter antwoordde onschuldig dat ze op iedere naam met haar persoonlijke mantra antwoordde. Haar moeder was geraakt door de extra inspanning die haar dochter verrichtte.

Wanneer we in het Westen reizen, vragen de mensen me vaak waarom we zo hard werken. Maar wanneer we zien wat Amma doet, die nooit uitrust en altijd naar nieuwe manieren zoekt om anderen te dienen, hoe kunnen we dan werkeloos toekijken? Hoe kunnen we ooit iets terugbetalen, zelfs maar een fractie, van wat Ze ons gegeven heeft?

Toen ik jong was en de school had afgemaakt, schreef ik me in voor een cursus verpleegkunde, hoewel er een wachtlijst van drie jaar was voordat die begon. Ik werkte twee jaar en in die korte tijd ging ik de oppervlakkigheid van het wereldse leven begrijpen. Ik dacht verscheidene jaren niet meer aan werken. Maar toen ontmoette ik Amma.

Ik wist wat mijn weg was omdat Amma me altijd aanmoedigde hard te werken. Door hard te werken en anderen te dienen kunnen we onszelf vergeten. Wanneer we onszelf vergeten en al onze tijd besteden aan het oplossen van de problemen van iemand anders, dan wordt alles voor ons automatisch geregeld.

Een verlicht meester geeft ons zoiets onbetaalbaars als het begrip van de zin van het leven, zonder er iets voor terug te verwachten. Ik denk dat het enige wat we in ruil daarvoor kunnen aanbieden, is een beetje werk voor een goede zaak. We hebben niets anders aan te bieden. Het enige wat we kunnen doen is proberen ons in te spannen. Zelfs dat kleine beetje inspanning, die houding van proberen te doen wat we kunnen, zal genade brengen.

Iemand vroeg Amma eens: "Wat is genade en hoe werkt het?" Amma antwoordde: "Het leven is genade. We hebben Gods genade nodig om iets te doen. Zonder dat kunnen we niet in deze wereld leven. Een meedogend hart zal altijd genade ontvangen."

Hoofdstuk 11

Het ritme van het leven

In het leven gaat het er niet om hoe snel je rent of hoe
hoog je klimt, maar hoe goed je stuit.
Anoniem

Amma zegt dat alles in de natuur een ritme heeft: de wind, de regen, de oceaan en ook de groei van planten. Evenzo heeft het leven zelf een ritme: de ademstroom en zelfs onze eigen hartslag. Onze gedachten en handelingen creëren het ritme en de melodie van ons leven. Wanneer we het ritme in onze gedachten verliezen, weerspiegelt zich dat in onze handelingen. Dit op zijn beurt stuurt de vibratie van ons leven in de war.

Het is noodzakelijk om het ritme van geest en lichaam te bewaren niet alleen met het oog op de individuele gezondheid en levensduur, maar ook ter wille van de hele mensheid en de natuur. Het verlies van deze cadans wordt in het natuurlijke milieu en in de samenleving weerspiegeld door allerlei rampen als aardbevingen en tsunami's. Het evenwicht in de natuur hangt van de mensheid af.

Als we de natuurwetten overtreden, ondergaan we de pijnlijke gevolgen, maar deze pijn dient als herinnering dat er iets mis is met onze manier van leven. Hoe langer we dezelfde fouten blijven maken, des te meer gevolgen zullen zich opstapelen en des te meer pijn zullen we moeten ondergaan. De

135

handelingen die we in het leven verrichten, zowel de goede als de slechte, zullen zeker op de een of andere manier naar ons terugkomen.

Een krantenbericht vertelde het volgende verhaal. Een gewapende rover ging een winkel binnen, liep naar de kassier en legde een biljet van twintig dollar op de balie. Toen de kassier de kassa opende, eiste hij: "Geef me al het geld dat daarin zit! Snel!" De kassier zag het wapen dat de man bij zich had en nam meteen al het geld uit de kassa en gaf het aan de rover. De dief nam het, stopte het haastig in zijn zak en rende naar buiten. In zijn haast maakte hij de fout dat hij het biljet van twintig dollar vergat dat hij op de balie had gelegd.

Op het moment van de beroving was er niet veel geld in kas, slechts veertien dollar. In plaats van geld te verliezen won de winkel uiteindelijk zes dollar. Wanneer we onze egoïstische wil opleggen en de natuurlijke loop der gebeurtenissen verstoren door een kortere weg te nemen, worden we zelf vaak op de een of andere manier afgezet. We kunnen beter kijken naar gelegenheden om het evenwicht en de harmonie in ons leven en de wereld te herstellen.

Na de tsunami overleefde een jong hondje de dodelijke golven. Ze werd Bhairavi genoemd vanwege haar kracht om te overleven. We konden haar niet in de ashram houden en daarom nam een goedhartige toegewijde het hondje met zich mee naar huis. Deze vrouw leed aan een chronische ziekte en toen ze rode eczeemachtige wondjes op haar voeten kreeg, nam ze aan dat het gewoon een symptoom van haar ziekte was. Ze bezocht veel artsen, maar geen van hen kon verklaren wat het was, waarom ze eraan leed of een behandeling aanbieden. Ze verdroeg het huidprobleem bijna achttien maanden.

Haar hondje kauwde op alles. Op een dag kauwde Bhairavi op haar favoriete oude, rubber sandalen die ze zo graag droeg. Onmiddellijk kreeg het hondje rode plekken op haar huid, maar tegelijkertijd verdwenen de rode plekken op de voeten van de vrouw helemaal. Ze besefte dat de uitslag veroorzaakt was door het schoeisel. Het mysterie van de vreemde symptomen was plotseling opgelost en ze heeft er nooit meer last van gehad. Het hondje deed voor haar iets terug omdat ze haar leven gered had.

Mensen neigen ertoe te denken dat ze zo geweldig zijn. Maar Amma zegt dat zelfs de wormen in uitwerpselen gezinnen hebben en van elkaar houden. Wat is het verschil tussen hen en ons? Het enige verschil is dat mensen begiftigd zijn met de mogelijkheid onderscheid te maken tussen juist en verkeerd.

Als we deze eigenschap van onderscheidingsvermogen proberen te verfijnen, culmineert het vanzelf in de deugd van mededogen. We kunnen dan uitstijgen boven alle lagere neigingen die diep in ons begraven liggen en ons als slaaf gevangen houden. Dan begint ons leven voorzichtig te bloeien, als het opengaan van een prachtige bloem.

Gods genade zal werkelijk van alle kanten stromen naar degenen die mededogen ontwikkelen en dat uitdragen naar de lijdende mensheid. Maar als we ons onderscheidingsvermogen niet gebruiken, zal ons leven stagneren, als een vervuilde plas water. Dan is er absoluut geen verschil tussen de dieren en ons, behalve dat dieren misschien meer onbaatzuchtige liefde uitdrukken dan wij.

Op een dag reisden we in een auto toen Amma aan iemand uitlegde: "Dieren maken geen *prarabdha* karma voor zichzelf,

in tegenstelling tot mensen die altijd meer en meer voor zichzelf maken."

Wanneer dieren ziek zijn, vasten ze. Niemand kan hen
dwingen iets te eten, als hun basisinstinct hun vertelt het spijs-
verteringssysteem te laten rusten om het probleem dat zich
manifesteert op te lossen. Maar bij mensen gaat dit niet op.
Zelfs als ons lichaam ons signalen geeft dat we ziek zijn en dat
we het rustiger aan moeten doen en moeten vasten, negeren
we deze boodschap soms en gaan we door met het eten van
voedsel dat schadelijk voor ons is. We laten het lichaam niet
rusten zodat het zich kan herstellen.

Dieren hebben een basisinstinct dat hen leidt om het juiste te doen. Ze handelen volgens de intuïtie die ze van nature
hebben. In mensen daarentegen wordt de geest onze meester
en maakt ons tot slaaf. We volgen vaak de verlangens van het
lichaam en de grillen van de geest. We negeren ons gezond
verstand en zijn ons volledig onbewust van en daardoor niet
in harmonie met onze hogere intuïtie. In deze toestand is het
waarschijnlijker dat we ongelukken krijgen of aan ziekten lijden. We moeten onze intuïtie aanscherpen en leren ons af te
stemmen zowel op het fysieke als mentale niveau.

Pijn is niet altijd een vijand. Soms kan het een grote vriend
en leraar zijn. Een man uit Europa was met Amma op tournee
in India, toen hij op de stoep viel en zijn enkel brak. Hoewel
het ongeluk uiterst pijnlijk voor hem was, was hij zich er vanaf
het begin van bewust dat het voorbestemd was om te gebeuren.
Hij probeerde zich helemaal aan zijn lot over te geven en het
beste te maken van deze onvermijdelijke ervaring. Hij moest
het rustiger aan doen in zijn leven, omdat hij niet meer rond
kon hollen. Hij was ook gedwongen om hulp van anderen te

accepteren, omdat hij veel basisdingen niet meer zelf kon doen. Hij erkende dat er ongelooflijk veel dingen voor hem waren om dankbaar voor te zijn, dingen die hij vroeger als vanzelfsprekend had beschouwd. Door deze persoonlijke ervaring van hulpeloosheid ontwikkelde hij meer geduld en mededogen met mensen die moeilijkheden in hun leven hebben. Zijn hele manier van denken paste zich aan en hij beschouwde de hele gebeurtenis als een verhulde zegen.

We willen vaak veranderingen in de uiterlijke wereld tot stand brengen. We willen anderen veranderen zonder zelf ook maar iets te veranderen. Maar Amma herinnert ons eraan dat we, als we de wereld echt anders willen maken, eerst zelf moeten veranderen en dan zal er vanzelf verandering plaatsvinden in de uiterlijke wereld. Het leven zal ons vaak dwingen om situaties te ondergaan waarin we absoluut geen andere keuze hebben dan te veranderen. Dit is allemaal van nut voor onze eigen ontwikkeling en leidt ons verder naar de toestand van perfectie.

Zoals Henry Miller zei: "De wereld hoeft niet op orde gesteld te worden, de wereld is ordelijkheid zelve. Het is aan ons om ons op die orde af te stemmen." Om ons lichaam en onze geest terug te brengen in een toestand van evenwicht met zichzelf en de rest van het bestaan moeten we een basisdharma volgen hoe we ons in de wereld moeten gedragen. Als we ons welwillend en met onderscheid en nederigheid overgeven aan de situaties die op ons af komen, dan hoeft het leven ons niet zo wreed te leren.

De zeldzame en buitengewone individuen die Godsrealisatie bereikt hebben, zijn gekomen tot een volledig begrip en evenwicht in zichzelf en ook met de trillingen die in al het leven aanwezig zijn. Ze hebben deze toestand bereikt door de onverminderde kracht van hun goddelijke intuïtie en volledige overgave aan een hogere macht.

Hoewel Amma niet zoveel formele *sadhana* in Haar leven verricht heeft, heeft Ze het hoogtepunt van het menselijke bestaan bereikt door te begrijpen wie Ze werkelijk is. Een aantal jaren werd Haar hartstochtelijke devotie vaak verkeerd begrepen als dwaasheid. Ze accepteerde voedsel alleen van dieren om zich;l heen, niet van mensen. Ze kon het niet verdragen iets van iemand te accepteren, want niemand begreep wat Ze meemaakte. Alleen de natuur begreep het. De vogels lieten vis voor Haar vallen en de koeien boden Haar melk aan die Ze direct uit hun uiers kon drinken. Omdat Ze in staat was zich op het ritme van het leven af te stemmen, voedde Moeder Natuur Haar en zorgde voor al Haar behoeften.

In die tijd bleven er altijd twee honden dicht bij Haar. Amma was vaak verloren in Haar eigen privé wereld van extase, als Ze in het zand of bij het water lag. Eén hond bleef bij Amma, terwijl de ander wegging op zoek naar voedsel voor Haar. Ze lieten Haar nooit helemaal alleen, maar om beurten waren ze bij Haar en waakten over Haar. Als er een vreemdeling dichtbij kwam, gromden de honden om haar te beschermen. Hun liefde voor Haar wankelde nooit. Als Amma zich uit de wereld van pijn en verdriet terugtrok naar Haar toestand van *samadhi*, wachtten ze rustig tot Ze daar weer uit kwam.

Er was een tijd dat Amma meerdere maanden alleen van tulasibladeren leefde. Haar ervaring bewees dat het lichaam kan overleven met weinig of geen uiterlijk voedsel, als de geest en de ziel één worden met de innerlijke goddelijke vibratie en het ritme van de schepping.

Tegenwoordig eet en slaapt Amma de meeste dagen een beetje, omdat wij erop aandringen dat Ze dat moet. Ze heeft zich zo volledig overgegeven aan het dienen en troosten van de wereld, dat Ze vanaf het hoogste niveau van extase naar beneden komt. Ze begeeft zich naar ons niveau van bestaan, waarbij Ze Haar eigen staat van gelukzaligheid opoffert om ons te inspireren hogerop te gaan. Hoewel Ze met ons meegaat, zich kleedt zoals wij en zelfs bij ons kan zitten eten, verblijft Ze volledig in een andere wereld.

Bij een bepaalde gelegenheid vulde een vrouw die Amma diende, een emmer water en zette die klaar zodat Amma die voor Haar bad kon gebruiken. Deze vrouw was niet zorgvuldig geweest bij het vullen van de emmer. Amma zag dat er wat vuil in het water dreef. Amma wees hierop en berispte haar vriendelijk dat ze dit niet opgemerkt had.

De vrouw nam de vrijheid om Amma te vragen: "Waarom kan reinheid Amma soms helemaal niets schelen en merkt Amma ander keren het kleinste stukje stof op?"

Amma antwoordde haar: "Soms ben ik in jullie wereld, andere keren ben ik in de mijne."

Als we met Amma in India reizen, zitten we vaak in de late middag langs de kant van de weg om te mediteren en een theepauze te hebben. Onder het genot van de hete drank leidt Amma een vraag- en antwoordsessie, waarbij Ze spiritueel advies geeft of iemand vraagt een verhaal te vertellen. Bij een zo'n gelegenheid waarbij we langs de kant van de weg stopten, stormde iedereen uit de negen bussen die met Amma meereisden, naar voren om te proberen een plaats dicht bij Haar te vinden.

Nadat Amma was gaan zitten, probeerde een meisje een kleine, stekelige distel uit te trekken die heel dicht bij waar Amma zat groeide. Toen Amma dit zag, verhinderde Ze haar snel de plant uit te trekken. Het meisje merkte op dat het alleen maar onkruid was, maar Amma wees haar erop dat alles dezelfde vonk van bewustzijn heeft die erdoor stroomt. Daarom zou de plant pijn voelen, als ze hem uittrok en vernielde.

Amma ziet de essentie van goddelijkheid in alles en kent zelfs de pijn die een blad of een plant kan voelen. Voor Haar is het Hoogste Bewustzijn niet alleen maar een begrip, maar iets dat overal in alles vibreert. Deze kennis van het Zelf ontsluit alle geheimen van de natuur.

Tijdens de Noord-India tournee in 2006 reisden we per auto en stopten onderweg. Toen we naar de kant gingen, kreeg Amma wat speciale tempelprasad die ze wilde uitdelen aan alle aanwezigen. Nadat Ze ieder van ons wat gegeven had, riep Ze de politieagenten die ons begeleidden, en deelde de prasad ook persoonlijk aan hen uit. Toen dook er een hond aan de kant van de weg op. Amma stond erop dat de hond ook wat te eten kreeg. Iemand begon voedsel op de grond te leggen, maar Amma wilde dat de hond van een schaal gevoerd werd. Er verscheen een blauw deksel van een pot en hierop gaf Amma de hond prasad te eten. Ze wilde dat de hond alle prasad opat en daarom liet Ze hem ieder plekje van het deksel aflikken. Toen de hond klaar was, zei Amma dat het deksel goed gewassen en teruggebracht moest worden. Het mocht niet weggegooid worden. We trokken allemaal een vies gezicht, vol afschuw bij de gedachte dat het deksel van de plastic pot opnieuw gebruikt zou worden en dat wij er misschien de volgende keer van aten. Maar Amma's les was heel duidelijk. Dieren moeten met evenveel respect als mensen behandeld worden. Men moet dezelfde essentie van goddelijkheid in alles zien.

Amma weet dat God niet in de hemel op een gouden troon zit. Het licht van bewustzijn schijnt door ieder voorwerp en schepsel, zowel levend als niet levend, in deze schepping. Helaas hebben wij niet het vermogen om dit te zien.

Een paar jaar geleden, tijdens de Europese tournee in Nederland, kwam Amma in het huis van een toegewijde aan en ging direct naar buiten om een appel te plukken van een kleine, zwaarbeladen boom die Ze in de tuin had gezien. Nadat Ze de appel geplukt had, smeekte Ze de boom om vergeving dat Ze er een vrucht vanaf had genomen. Ze at de halve appel en gaf de rest als prasad aan alle mensen die daar waren. Gewoonlijk eet Ze geen appels, maar Ze werd door deze speciale boom aangetrokken. Hij moet op Haar gewacht hebben om zich op te offeren.

Ieder jaar dat we nu in Nederland zijn, gaat Amma direct naar buiten naar de tuin, zodra we in het huis aankomen. Ze neemt slechts één appel van diezelfde boom. Dit is misschien de enige gelegenheid in het hele jaar dat Ze een deel van een appel eet. Amma zei dat vruchten verrukkelijk smaken als ze echt rijp zijn, maar Ze voelt zich ongelooflijk bedroefd wanneer Ze iets plukt. Soms heeft de natuur zo'n korte levensduur dat Ze het beter vindt om dingen te laten leven.

Moeder Natuur heeft ons talloze spirituele lessen te leren mits we voldoende vaart minderen om er acht op te slaan. Op een avond bezochten we een openbaar programma waar zich een enorme mensenmassa verzameld had. In overeenstemming met de traditie in Kerala was er een olifant om de gelegenheid op te sieren. Op deze speciale avond was Amma de auto uitgestapt en volgde ik Haar door de menigte. Uiteindelijk kwamen we bij de olifant. Amma was blij de olifant te zien en ging naar hem toe om hem te begroeten. Ze draaide zich naar mij om en vroeg: "Heb je iets om de olifant te eten te geven?"

De auto was niet dichtbij en dus moest ik Amma naar waarheid zeggen dat ik niets had om aan de olifant te geven.

Zoals u misschien weet, houdt Amma ervan olifanten te voeren. Maar helaas was ik helemaal niet voorbereid op deze gebeurtenis. Gewoonlijk neem ik geen grote tros bananen mee, als we voor een programma naar het podium lopen. Amma was geschokt dat ik geen eten bij me had om de olifant te voeren. Opnieuw vroeg Ze: "Heb je helemaal niets om de olifant te voeren?"

Ik moest lachen. Gekke swamini had vergeten om het eten voor de olifant mee te nemen. En je weet hoeveel olifanten eten!

Amma was vreselijk teleurgesteld en keek naar de olifant met Haar handen omhoog om te laten zien dat Ze niets te geven had. Toen we verder naar het podium liepen, bleef Amma zich naar de olifant omdraaien om zich te verontschuldigen dat Ze niets had om hem te geven. Ze gebaarde een beetje naar mij, omdat het mijn fout was dat ik had vergeten het eten voor de olifant mee te nemen.

Dit was een goed voorbeeld dat laat zien dat we op alle gebeurtenissen voorbereid moeten zijn in het spirituele leven. We weten nooit wat voor uitdagingen het leven ons zal bieden. En we weten nooit wanneer we hongerige olifanten tegen zullen komen.

Een jongeman uit Maleisië vertelde me zijn ervaring met het begrijpen van de glorie van de natuur. Hij had tijdens Amma's programma een kleine tulasiplant gekocht. Omdat hij wist dat de plant erg heilig was, probeerde hij hem twee weken lang liefdevol te verzorgen. Hij gaf hem iedere dag op dezelfde tijd water, maar merkte na een paar weken hoe droog en geel de plant geworden was en dat alle bladen begonnen te verwelken.

Hij herinnerde zich dat hij van iemand gehoord had dat de tulasiplant graag naar mantra's luistert. Daarom begon hij een beetje te zingen en wat mantra's voor de plant te herhalen, maar z'n conditie verbeterde niet. Hij dacht onschuldig dat hij misschien niet luid of lang genoeg gezongen had en maakte zich zorgen dat de kostbare plant zou sterven. Plotseling kwam hij op het idee om de plant bhajans te laten horen door hem naast de computer te zetten en een cd met Amma's liederen op te zetten. Hij sprak de plant geruststellend toe en zei dat dit het enige was wat hij kon doen om hem beter te maken. Moe van de hele dag werken, sliep hij twee uur terwijl de muziek aanstond. Toen hij wakker werd en het licht aandeed, zag hij dat de plant er fris uitzag en zijn bladeren niet meer verwelkt waren. Hij was volkomen verbaasd. Omdat hij zijn ogen niet kon geloven, wreef hij ze een beetje, voor het geval zijn waarneming vervormd was omdat hij net was opgestaan. Maar de plant was weer tot leven gekomen en de bladeren waren zelfs weer groen geworden. Hij kreeg een glimp van begrip van de magie en de kracht van geluid.

Er gingen twee weken voorbij en hij vergat het voorval helemaal. Gewoonlijk stond de plant buiten en gaf hij hem iedere dag op dezelfde tijd water. Maar opnieuw begon hij te verwelken en begonnen de bladeren geel te worden, hoewel alle planten ernaast het goed leken te doen. Hij besloot de plant weer binnen te zetten. Zijn ouders dachten dat hij helemaal gek was, toen hij hem liefdevol naast zijn computer plaatste en de bhajanmuziek aanzette.

Zijn moeder had nooit zo van bhajanmuziek gehouden, maar hij zei tegen haar dat hij zou laten zien hoe speciaal die was doordat het een leven gevend effect op de plant had. Ze geloofde absoluut niet dat er iets speciaals zou gebeuren en betwistte dat er iets heiligs aan de vibraties van de bhajans was. Ze was Chinees en hield helemaal niet van Indiase muziek. Ze vroeg haar zoon voortdurend om de bhajans zachter te zetten.

Hij zei dat ze nu naar de plant moest kijken en dan over een uur terug moest komen om te zien wat voor effect de vibraties van de bhajans erop gehad hadden. Ze kwam een uur later terug en stond versteld toen ze zag dat de plant weer verfrist was en de vergeelde, verwelkte bladeren weer groen waren geworden. Dit bewees voor haar de zuiverende invloed van de bhajans en ze vroeg haar zoon nooit meer de bhajans zachter te zetten. De jongeman begreep door dit experiment ook iets bijzonders. Toen hij nadacht over het effect van de bhajans op de plant, begon hij ook na te denken over het effect van Amma's bhajans op alle mensen die Haar horen zingen en op de omgeving.

Het leven wordt pas volledig, wanneer de mensheid en de natuur in harmonie bewegen, hand in hand. Wanneer melodie en ritme elkaar aanvullen, wordt muziek mooi en aangenaam om te horen. Als mensen in overeenstemming met de natuurwetten leven, wordt het lied van het leven zoet.

Hoofdstuk 12

Uitdagingen op het pad

De grootste herrieschopper waar je waarschijnlijk ooit
mee te maken krijgt, kijkt iedere morgen in de spiegel
toe hoe je zijn gezicht scheert.

Anoniem

D
e mensen vragen Amma vaak hoe we in de wereld moeten leven. Amma antwoordt: "Leef in de wereld als een zwerm vogels, aan niets gehecht en bereid om ieder moment weg te vliegen."

Toen we in 2006 voor een programma in Trissur waren, was het verstikkend heet. Enkele familieleden van Amma kwamen op bezoek, maar omdat ze wisten hoe overvol alle accommodatie was, wilden ze niemand lastig vallen voor een kamer. Ze vroegen om twee matjes waar het gezin op kon slapen en sliepen blij buiten op de grond. De echtgenote zei dat ze ook blij was om buiten te slapen, omdat haar man nooit iemand lastig wilde vallen. Ze zag het als en kans om zich voor te stellen hoe het vroeger in de ashram was, toen we soms buiten sliepen.

Als we een positieve houding hebben en alle situaties in het leven accepteren, hoe ze ook zijn, dan kunnen we Gods hand in alles gaan zien. We hebben dit menselijk leven gekregen om de moeilijkheden tegemoet te treden en te overwinnen, niet om ervoor weg te rennen. Gods genade geeft ons altijd de kracht om alles wat op ons afkomt, tegemoet te treden.

Amma herinnert ons eraan dat het leven niet altijd goede ervaringen brengt. Het kan zijn dat ons meer slechte dan goede ervaringen te wachten staan. Goede en slechte ervaringen zijn de aard van de wereld. We moeten echter leren deze uitdagende ervaringen te gebruiken als een springplank naar succes. Hiervoor hebben we een onderscheidend intellect nodig, dat geworteld is in spirituele principes.

Een jongeman was opgegroeid in een spirituele gemeenschap, maar werd op jonge leeftijd met aardig wat moeilijkheden geconfronteerd. Nadat hij was opgevoed door zijn moeder, woonde hij in een ashram onder de leiding van een guru. Hij was zestien toen zijn guru overleed en dit verlies sloeg hem met diepe droefheid. Hij begon met drugs te experimenteren en dook in alles wat de materiële wereld hem te bieden had. Later besefte hij dat het enige wat deze destructieve manier van leven hem te bieden had, een gevoel van diepe leegheid was. Toch wist hij niet hoe hij moest ontsnappen uit de cyclus van drugs en feestjes waar hij zich mee ingelaten had.

Toen nam zijn moeder hem mee naar Amma in Londen. Tijdens het programma keek hij naar de video over de tsunami en het veranderde alles voor hem. Hij huilde en huilde nu hij besefte dat hij zijn leven verspild had, terwijl anderen in de wereld stierven. Hij verlangde ernaar een manier te vinden om mensen uit hun lijden te verlossen. Toen hij mensen met videocamera's op het programma zag, dacht hij dat hij misschien op die afdeling kon werken, omdat hij net een cursus in mediatechniek voltooid had. Omdat hij te verlegen was om

149

naar Amma te gaan, hield hij de gedachte voor zich en deelde die met niemand.

Zijn moeder suggereerde hem om het programma in Ierland aan het einde van de tournee bij te wonen. Op weg daarheen ontmoette hij iemand die op de videoafdeling werkte. Toen ze aankwamen, bracht deze man hem direct naar Amma om naast Haar te zitten. Men vertaalde voor Amma dat hij wat ervaring had met videowerk en op de een of andere manier wilde helpen. Amma stelde voor dat hij, als hij wilde, naar India kon komen als de Europese tournee voorbij was. Hij volgde Haar suggestie op en voegde zich bij de ploeg die Amma in India filmde. Hij hoopt meerdere jaren reizend met Amma door te brengen om zijn grondslag in het spirituele leven te verdiepen en de verleiding om in zijn oude gewoontes te vervallen, te weerstaan. Amma adviseert:

Wanneer er zich moeilijke omstandigheden in het leven voordoen, zijn er twee manieren om te reageren. We kunnen bang wegrennen of we kunnen de kracht in ons opwekken om ze te overwinnen. Als we de eerste mogelijkheid kiezen, zal al onze kracht verloren gaan en zullen we als droge bladeren in de wind rondgeblazen worden. Aan sommige dingen kun je niet ontsnappen. Iemand die wegrent, zal instorten door uitputting. In plaats daarvan moeten we mentale kracht verzamelen, opstaan en tot actie overgaan, waarbij we de geur van onbaatzuchtigheid en liefde verspreiden. De schaduw van angst zal alleen verdwijnen met de

dageraad van het licht van de liefde. Liefde is onze
kracht. Liefde is onze toevlucht.

In de begintijd van de ashram varieerde mijn seva van toiletten
schoonmaken en groenten snijden tot het strijken van Amma's
kleren. Een hele tijd zette ik ook thee voor de bouwvakkers
en maakte drankjes voor de bewoners. Ik was nooit echt een
theedrinker, dus helaas voor iedereen, zette ik altijd de slecht-
ste thee ter wereld. De arme werkers klaagden vaak hoe slecht
mijn thee smaakte.

Op een keer werd ik gevraagd thee voor Amma te zetten. Ze
dronk het niet meteen op en het werd koud. Daarom warmde
ik het op met wat meer melk. Ik wist dat het vreselijk moest
smaken, maar wanneer een kind iets met liefde aan zijn moeder aanbiedt, zal de moeder het met liefde aannemen. Amma
dronk uiteindelijk mijn vreselijke brouwsel op en zei dat het
goed smaakte. Ik wist dat Ze gewoon probeerde aardig tegen
me te zijn.

In de begintijd van de ashram zei Amma ons dat we helemaal geen thee of koffie mochten drinken. Het was bekend
dat het slecht was voor spirituele zoekers om een verslaving te
ontwikkelen, en daarom dronken we een mengsel van hete
melk en water in plaats van thee. Vroeger was het mijn taak
deze drank te maken.

Ik herinner me een dag dat ik een brahmachari prees tegenover Amma: "Amma, die jongen heeft geen suiker in zijn melkwater. Is dat niet prachtig? Wat een gedisciplineerd iemand."

Amma was het er niet mee eens. Ze zei: "Iedereen moet
suiker in zijn melkwater hebben," omdat Ze wist dat het ego
kon toenemen door te denken dat men meer gedisciplineerd

was dan anderen. Ze wilde dat wij altijd de middenweg volgden: niet te veel van iets en niet te weinig. Niet te weinig slaap, niet te veel slaap. Amma is uiterst praktisch. Echte spiritualiteit is volkomen praktisch zijn, wat Amma betreft.

Omdat er geen thee in de ashram geserveerd werd, gingen sommige mensen naar het huis van Amma's familie om thee of koffie voor zichzelf te zetten. Toen Amma hierachter kwam, gaf Ze ons op onze kop en zei dat we dat niet meer mochten doen. Maar toch knepen mensen er soms tussenuit om iets te drinken te maken. Amma was erg kwaad toen Ze daarachter kwam, dus op een middag besloten we de zaak serieus te nemen. Wij gingen alle veertien samen de kalari in en er werd besloten dat we allemaal moesten beloven dat we geen thee of koffie meer zouden drinken. Om de beurt legden we onze gelofte af.

Ten slotte kwamen we bij iemand die zei: "Ik beloof te *proberen* geen thee of koffie meer te drinken."

Iedereen protesteerde heftig: "Nee, nee, nee! Dat is niet toegestaan. Het is niet toegestaan!" Maar deze persoon zei: "Ik ga het niet beloven. Ik ga geen gelofte doen die ik niet kan nakomen." Uiteindelijk legden de meesten van ons wel een gelofte af om van cafeïne af te blijven en we dronken vele jaren geen thee of koffie.

Ik heb me bijna vijftien jaar aan die gelofte gehouden. Alleen bij zeldzame gelegenheden, een of twee keer per jaar, accepteerde ik een kop die me werd aangeboden, zodat ik iemands gevoelens niet kwetste door het te weigeren. Totdat er een dag kwam waarop ik met Amma op het podium moest zitten tijdens openbare programma's buiten de ashram. Ik was eraan gewend altijd rond te lopen en bezig te blijven en toen ik plotseling in de positie werd geplaatst dat ik een paar uur stil moest zitten, begon ik me ongelooflijk slaperig te voelen. Ik was er erg aan gehecht te zeggen: "Ik drink geen thee of koffie." Het ego werd gestimuleerd door de gedachte: "Ik ben erg spiritueel, want ik drink geen koffie."

Ten slotte besloot ik mijn gehechtheid aan het niet drinken van koffie te verbreken en begon ik weer een beetje te drinken om wakker te blijven. Het was ongeveer acht jaar geleden toen we op een programma in Bangalore waren. Ik dronk een klein kopje koffie voordat ik het podium opging. Het was het eerste dat ik in jaren nam. Tijdens de satsang voelde ik een geborrel in mijn buik. "O nee," besefte ik, "ik moet naar het toilet." Ik was wakker, maar ik telde het aantal nog te zingen bhajans voordat ik kon ontsnappen. Ik was vergeten dat koffie als een sterk laxeermiddel en diureticum kon werken. Vijf bhajans, vier bhajans, drie bhajans. Ten slotte moest ik opstaan en het podium afhollen. Gelukkig was er een toilet in de buurt. Ik zal me die eerste kop koffie na al die jaren altijd herinneren.

Amma besloot uiteindelijk dat mensen iedere dag thee mochten drinken, als ze er echt aan gehecht waren. Een kleine hoeveelheid in een medicinale dosis is oké voor ons. Het is niet schadelijk. Een klein beetje houdt ons alert en geeft ons de energie om door te gaan. Amma besloot op te houden met vechten tegen de weerstand van degenen die ertussenuit knepen om het te krijgen. En op het laatst zei Ze dat iedereen thee moest drinken. Toen werd *chai* opgenomen in de dagelijkse routine van de ashram. We kunnen de *atman* in ons dagelijks leven vergeten door altijd bezig te zijn, maar we vergeten nooit wanneer het vier uur is: theetijd!

Op een bepaald moment besloot iemand in de ashram tapas te ondernemen door te proberen het zonder voedsel te

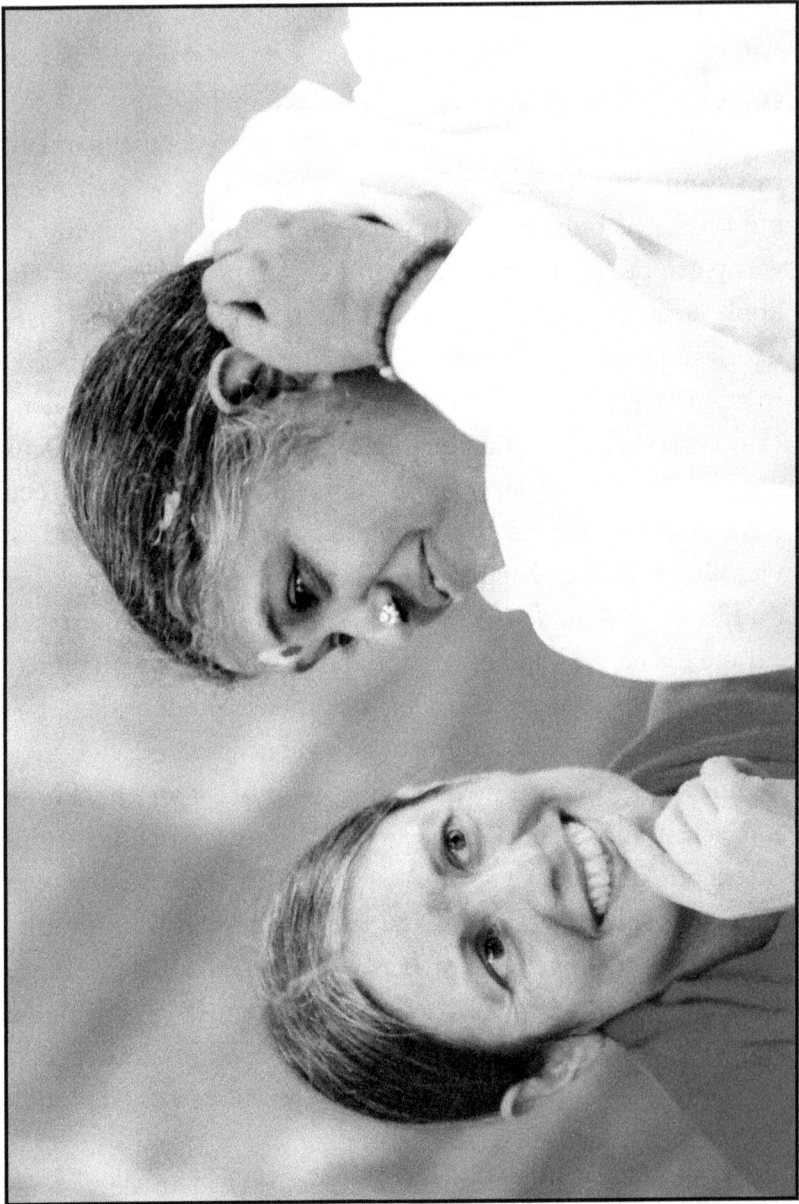

doen: hij at alleen een banaantje en dronk een glas melk iedere avond, verder niets. Maar dit was niet zo'n slimme tapas. Het resulteerde in een maagzweer en uiteindelijk moest hij meer dan drie maaltijden per dag eten. En dit allemaal omdat hij ascese beoefende zonder zijn gezond verstand te gebruiken. We moeten gezond verstand in onze oefeningen integreren. In alles matigheid betrachten is voor ons de moeilijkste oefening om vol te houden.

Lange tijd geleden hield ik vier maanden *maunam*. Dit betekende dat ik in die tijd niet sprak, wat niet vreselijk moeilijk was. Als je eenmaal de gewoonte aangenomen hebt stilte te handhaven, wordt het een goed excuus om problemen te vermijden. Wanneer iemand met een probleem komt, kun je gebaren dat hij weg moet gaan omdat "ik in stilte ben." Maar wanneer je weer begint te praten, is het soms erg moeilijk om op te houden.

Ik herinner me dat ik op een avond in de kalari zat tijdens het nachtelijke *Devi Bhava* programma. Een van de beste mediterenden van de ashram zat in de achterste hoek te mediteren. Ik vond dat deze man vergevorderd was, omdat hij erom bekend stond ascese te beoefenen in de eenzaamheid van zijn ondergrondse grot. Ik bewonderde zijn intense concentratie. Ik dacht dat hij waarschijnlijk nooit de problemen had ervaren die ik tijdens de meditatie had, zoals slaperigheid en gebrek aan diepe absorptie.

Op deze speciale avond zat ik naast Amma, klaar om te zorgen voor iets wat Ze nodig mocht hebben. Ik keek om me heen en merkte op dat deze man als een standbeeld in de hoek zat. Zijn hoofd lag achterover, zijn ogen gesloten en zijn mond wijd open. Ik voelde zo'n schok toen ik hem zo zag. Ik dacht onschuldig: "O hemel, hij heeft *mahasamadhi* bereikt en zijn lichaam verlaten." Omdat hij erom bekend stond dat hij lange uren kon zitten, kwam het nooit in me op dat hij in slaap gevallen kon zijn. Bang dat hij dood was, zei ik tegen Amma: "Ik denk dat hij het lichaam verlaten heeft." Amma draaide zich om om naar hem te kijken en lachte. Ze wierp een snoepje naar hem en hij werd wakker, tot mijn grote geruststelling.

Wij zien de dingen in het leven allemaal anders. Soms is het moeilijk te weten wat juist en onjuist is. We moeten leren ons onderscheidingsvermogen wijs te gebruiken, wat niet gemakkelijk is en waarvoor jaren van oefening nodig zijn.

Een grote, zwaargebouwde hond die Sumo heette, had vier wedstrijden gewonnen als de beste hond van zijn ras. Toch werden hij en zijn eigenaren uit hun appartement gezet na klachten van de buren dat de hond te luid snurkte. De buren hielden vol dat het snurken zo storend en luid was, dat 's nachts het alarm afging. De schoonvader van de buren had een hartziekte en kon 's nachts door het van streek makende lawaai niet slapen. Daarop werd het snurken van de hond gemeten en het was meer dan 34 decibel.

De eigenaar van de hond was het helemaal niet eens met de klager en zei: "Mijn Sumo is maar een jong hondje. Hij slaapt 's nachts bij mij in bed. En ik weet niet waarom ze zeggen dat hij zo luid snurkt. Het stoort mij helemaal niet!"

We hebben allemaal een andere waarneming over hoe de dingen in het leven horen te zijn. Ons leven is vol van door onszelf gecreëerde opvattingen over van alles. Daarom zegt men dat de wereld onze eigen projectie is.

Op een keer gaf een rijk man een schrijver opdracht om de familiegeschiedenis te schrijven, maar bedong dat hij moest verbloemen dat het misdadige leven van een oom op de elektrische stoel was geëindigd. Hij was opgetogen toen de auteur schreef: "Oom Willem bezette een zetel van toegepaste elektronica in een belangrijke regeringsinstelling. Hij was door zeer hechte banden aan deze positie gebonden en zijn dood kwam als een echte schok."

Tijdens een les in Engelse literatuur schreef een leraar een zin op het schoolbord en zei dat de studenten de leestekens aan moesten brengen. De zin luidde: Vrouw zonder haar man is niets.

Alle mannen interpungeerden het als volgt: "Vrouw, zonder haar man, is niets." Terwijl alle vrouwen het interpungeerden als: "Vrouw, zonder haar, man is niets."

Iedereen kan zijn eigen manier kiezen om de wereld te zien. We boffen ongelooflijk dat we Amma als spirituele gids hebben om onze kijk op de wereld te verfijnen. Ze denkt aan iedereen. Ze zal ons nooit risico's laten lopen of in gevaar brengen. Ze daalt af tot ons niveau van bewustzijn, vanwege haar overweldigend gevoel van mededogen met lijdende mensen overal. Maar dit is niet met alle gerealiseerde meesters het geval.

Een *avadhuta* die Prabhakara Siddha Yogi heette, woonde in Oachira, een stadje bij de ashram. Men geloofde dat hij zevenhonderd jaar oud was en dat enkele vissers hem in een net van de bodem van de oceaan getrokken hadden.

Avadhuta's zijn personen die God gerealiseerd hebben en de hoogste staat bereikt hebben, maar zich meer als gekken gedragen. Ze leven in hun eigen persoonlijke wereld van goddelijke vervoering. Hoewel het lijkt alsof ze niet zo behulpzaam zijn, heeft Amma gezegd dat hun adem alleen al voldoende is om de wereld in evenwicht te houden. Toch kiezen ze er niet voor leerlingen op een duidelijke manier te onderwijzen zoals Amma dat doet. Zij heeft zoveel mededogen dat Ze tot ons niveau afdaalt om ons te leiden, maar avadhuta's blijven gewoon op hun eigen niveau van bewustzijn.

Deze avadhuta trok vaak in de buurt rond, maar de mensen vonden het niet leuk als hij langskwam. Ze wierpen emmers met vies water naar hem, omdat hij soms de vrouwen beetpakte. Hij beweerde dat het de verlangens in de vrouwen waren die hem dit lieten doen. Er waren tijden dat hij ons in de ashram op kwam zoeken, wat nogal wat opschudding veroorzaakte. De mensen waren erg beschermend tegenover de paar meisjes die in de ashram woonden en waarschuwden ons snel weg te gaan en ons in een kamer op te sluiten zodat ons niets kon overkomen.

Op een keer waren we bij een programma buiten de ashram, toen hij eraan kwam. Alle meisjes brachten de middag buiten achter een groep bomen door. Amma vermeed hem ook en kwam naar ons. Ze legde uit dat avadhuta's God gerealiseerd hebben, maar de mensen hun daden niet begrijpen. Ze wist dat als hij iets ongebruikelijks deed, de mensen het helemaal niet begrepen, hoewel Ze het niveau waarop hij verbleef, kon waarderen.

Op weg naar Amritapuri ging een Amerikaanse volgelinge, die voor de eerste keer in India was, naar Tiruvannamalai om een avadhuta te ontmoeten die Yogi Ram Surat Kumar heette. Toen ze hoorde dat hij God gerealiseerd had, zocht ze hem op in het verblijf dat zijn volgelingen voor hem hadden gemaakt. Ze trof hem op de veranda aan, waar hij gewoonlijk darshan gaf. Ze had een pakje dadels bij zich, ging naar hem toe en bood haar pranams aan. Voordat ze helemaal omhooggekomen was, riep hij uit: "Amma, Amma, Amma! O Amritanandamayi!

Die Moeder is gekomen om deze bedelaar te bezoeken. Ze is gekomen en is met deze bedelaar samen op de foto gegaan. Amma!" Zijn woorden liepen over van emotie en door eraan te denken, leek hij weg te glijden in een mijmering. De vrouw was verbijsterd, omdat ze deze man nooit eerder ontmoet had en geen idee had hoe hij wist dat ze een toegewijde van Amma was.

Het jaar daarop ging ze hem weer opzoeken. Op een gegeven moment stelde ze hem een spirituele vraag. Zijn antwoord was teder maar nadrukkelijk: "Waarom stelt u me deze vraag? Waarom stelt u *mij* deze vraag? Uw leraar is zo geweldig. U bent in zulke goede handen. U wordt goed beschermd. O, Ze is zo geweldig." Hij prees uitgebreid Amma's deugden.

Iemand vroeg Amma eens: "Wat is het grootste offer dat een mahatma maakt?" Amma antwoordde: "Ze komen naar deze aarde en leven als een varken onder de varkens en proberen hen te verheffen."

De mensen waren hierdoor een beetje geschokt en daarom voegde Amma er snel aan toe: "Amma maakte maar een grapje!" Maar ik denk niet dat het een grapje was. Ze vertelde ons gewoon de waarheid, die we niet zo graag hoorden.

Het is het grootste privilege in dit leven de kans te hebben bij een guru als Amma te leven. Nooit eerder heeft een gerealiseerde ziel zoveel aan de wereld gegeven als Amma. Een avadhuta heeft misschien dezelfde staat van Godsrealisatie als een mahatma, maar iemand als Amma offert die hoogste toestand van bewustzijn helemaal op uit mededogen en liefde voor ons. Ze denkt voortdurend aan nieuwe manieren om ons gelukkig te maken, om meer van zichzelf aan ons te geven en ons los te maken van de schaduw van onwetendheid die onze visie vertroebelt en zoveel lijden veroorzaakt.

Waar ter wereld we ook zijn, we moeten er het beste van maken daar waar God ons geplaatst heeft. Zelfs als we in een drukke materiële wereld leven – het doet er niet toe wat we doen – kunnen we niet zeggen dat alleen *dit* spiritueel is en *dat* werelds is. Voor Amma, die de Waarheid echt kent, is er geen verschil. Ze ziet God in de hele schepping. Dus wat kunnen we werelds noemen? Als we goede daden verrichten, zal genade zeker naar ons toe stromen, waar we ook zijn.

De mensen kunnen klagen dat het dagelijkse leven moeilijk voor hen is, omdat ze ver weg van Amma wonen. Ze stellen zich voor dat hun problemen zouden verdwijnen, als ze in Amma's fysieke aanwezigheid konden leven. We moeten geen tijd verspillen aan medelijden met onszelf, maar moeten ons in plaats daarvan inspannen om ons vast te houden aan de essentie van Amma's universele liefde en compassie en proberen iets goeds voor anderen te doen, op welke manier dan ook. Dan zal de genade die naar ons stroomt, ons zeker op de reis door het leven leiden.

Hoofdstuk 13

Tsunami-engelen

De meest dringende vraag in het leven is:
wat doe je voor anderen?
                    Dr. Martin Luther King Jr.

In de zomer van 2003 had Amma een waarschuwing gegeven dat er spoedig een geweldige natuurramp kon plaatsvinden. Ze zei dat we dit niet konden tegenhouden. Alles wat we konden doen was bidden en goede daden verrichten.

Amma's volgelingen begonnen zich voor te bereiden op de moeilijkheden die in de toekomst zouden plaatsvinden. Sommigen namen al hun geld uit de aandelenmarkt, kochten goud of verhuisden naar een andere plaats. Anderen dachten dat het het veiligst was zoveel mogelijk tijd bij Amma in Amritapuri door te brengen.

Onlangs lachte Amma ondeugend, toen Ze eraan dacht dat heel wat mensen gekomen waren om bij Haar in India te zijn om aan de voorspelde ramp te ontsnappen. De ashram in India was echter precies de plaats waar de tsunami toesloeg.

Gelukkig was Amma's bescherming volledig en totaal. Helemaal niemand van de minstens 18.000 volgelingen die hier die dag waren, raakte gewond. Het was hartverscheurend om geconfronteerd te worden met de dood en vernietiging die overal om de ashram heen toesloeg. Maar toch omgaf Amma's alomvattende liefde ons helemaal. Door Amma's sterke genade hadden sommige mensen de meest diepgaande ervaringen in hun leven.

Toen de tsunami de kust van Kerala trof, zat de ashram boordevol met buitenlandse bezoekers. Voor velen is het ashramleven al een uitdaging door de eenvoud van de accommodatie en het voedsel. Maar na de tsunami werden alle bewoners en bezoekers van de ashram geëvacueerd naar de gebouwen van de Amrita-universiteit aan de overkant van de backwaters. Dit was een betrekkelijk klein ongemak, vergeleken met het tragische verlies dat ons omgaf. In de omgeving hadden mensen hun huis verloren, hun bezittingen en in veel gevallen een of meer van hun naaste familieleden.

Dorpelingen, bewoners en bezoekers werden allemaal geëvacueerd naar het vasteland aan de overkant van de backwaters. Iedereen moest zich behelpen met de kleren die hij aanhad toen de tsunami kwam. Te midden van alle ongemak en ontbering leefden we als vluchtelingen. We sliepen in klaslokalen en gangen, op iedere plaats die we konden vinden. Maar toch probeerde iedereen opgewekt te blijven.

Het was gemakkelijker om de behoefte aan comfort los te laten, als we aan de plaatselijke mensen dachten, die zulke ongelooflijke verliezen hadden geleden. In plaats van zich te richten op wat ze misten, zochten mensen naar manieren om te helpen: groenten snijden, eten serveren aan de dorpelingen, als vrijwilliger in het ziekenhuis werken en degenen troosten die diep treurden. Door anderen zo te dienen vervulden de bezoekers en bewoners van de ashram Amma's wens dat we het licht van de liefde in ons hart moesten aansteken om het lijden van anderen te verlichten.

In die historische nacht probeerde een groep Amerikaanse vrouwen op het harde beton in slaap te vallen. Eén vrouw lag direct op de grond en trok een strooien slaapmatje als deken over zich heen. Ze realiseerde zich dat dit vergelijkbaar moest zijn met hoe de daklozen die in kartonnen dozen wonen, zich voelen. Ze keek om zich heen en zag dat de vrouw naast haar haar grote opgevulde beha als comfortabel kussen gebruikte. Deze vrouw was uiterst trots op het vindingrijke gebruik van haar kleding, totdat iemand anders begon te lachen en beweerde dat zij een prijs moest winnen voor de meest ingenieuze creatie van een kussen. Haar kussen bestond uit een lange onderbroek die een man drie dagen gedragen had. Als een groot offer van zijn kant had hij haar grootmoedig zijn lange onderbroek gegeven. Gelach was de dragende kracht die deze mensen door de moeilijke tijden leidde.

In Haar acceptatietoespraak tijdens het programma in het Interfaithcentrum in New York in 2006, verklaarde Amma dat we allemaal moeten proberen rolmodellen te worden om anderen te inspireren goede daden te verrichten. Een Australische toegewijde deed uitstekend werk om een buitengewone bron van inspiratie voor velen van ons te worden. Ik zal altijd aan deze jonge vrouw denken als een tsunami-engel, hoewel ze uit nederigheid zo niet graag genoemd wordt.

In het tweede jaar van haar artsenopleiding in Australië was ze met een vriendin in Thailand op vakantie toen de tsunami toesloeg. Ze verbleef in de vierde rij bungalows op het strand. De eerste drie rijen werden door de golf volledig weggevaagd. Genade redde haar vanaf het begin.

Ze was bang toen ze wakker werd en angstaanjagend gegil hoorde in wat een blije tijd hoorde te zijn, de dag na Kerstmis.

Na een nacht van feestvieren werd de wereld plotseling op zijn kop gezet. Haar kamergenoot liep hysterisch schreeuwend de kamer in. Ze had een enorme golf gezien die recht op hen afkwam. Een oorverdovend lawaai vulde de kamer alsof een vliegtuig bommen op hen wierp. Ze wist niet of ze droomde of nog een beetje aangeschoten was van de vorige nacht. Wat ze wel wist was dat ze nooit in haar leven zo bang was geweest.

Nadat hun bungalow en hun zenuwen volledig door elkaar geschud waren, openden ze de deur. Ze waren helemaal door water omgeven. De trap aan de voorkant van de bungalow was verdwenen en de hele inhoud van het restaurant en het toeristenbureau dreef om hen heen. Computers, kleding, luidsprekers en rugzakken, wat eens het levensonderhoud en de hartstocht van de mensen was, dreef voorbij in het stromende water. Het paradijseiland veranderde in een nachtmerrie. Onmiddellijk werden de dingen in perspectief geplaatst.

De overlevenden werden naar een hogere plaats geëvacueerd en mochten na een paar uur weer naar beneden komen. Hierna gingen de twee Australische vrouwen weg om te zien hoe ze konden helpen. De plaatsen waar ze een paar dagen geleden hadden gelopen, waren nu onherkenbaar. Boten lagen in bomen en betonnen bestrating stond rechtop. Er lagen hier en daar lichamen verspreid temidden van het puin en verbrijzeld glas dat de grond bedekte. Ze gingen naar het ziekenhuis om naar hun vrienden te zoeken, maar konden ze nergens vinden. De volgende stap was het lijkenhuis.

In het mortuarium, dat overvol was met rottende lichamen, heerste uiterste chaos en verwarring. Ze besloten daar te helpen omdat er dringend een beter systeem nodig was om de overbelasting met lijken aan te kunnen. Omdat sommige lijken snel wegrotten, was het een verschrikkelijke situatie waar weinig mensen mee te maken wilden hebben. Mensen die het lijkenhuis bezochten om te proberen de lichamen van hun geliefden te identificeren, kregen absoluut geen hulp, behalve van de kleine verzameling vrijwilligers. De meeste helpers gingen na de eerste dag weg omdat ze de stank en de schokkende schouwspelen in het mortuarium niet konden verdragen. Eén meisje voelde zich te misselijk om binnen bij alle lijken te werken, daarom deed ze haar best de mensen buiten te helpen.

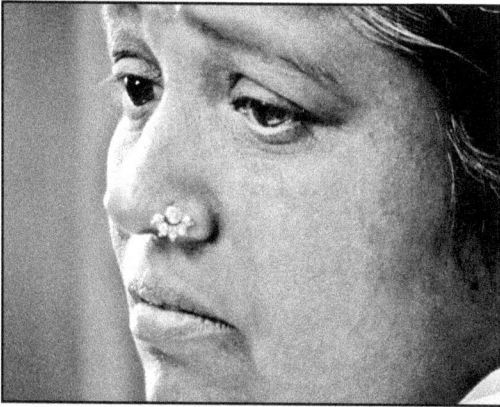

Het andere meisje bleef en werkte iedere dag twaalf uur of meer. Ze hielp gezinnen bij het indienen van rapporten die hun omgekomen geliefden beschreven. Ze schreven voorwerpen en kenmerken op die nog herkenbaar konden zijn, zoals juwelen, tatoeëringen, piercings of littekens. Ze verzamelde de informatie en doorzocht dan de lijken in de hoop op een positieve identificatie. Ze wachtte op de nieuwe lading lijken die was gevonden en 's avonds werd afgeleverd. Ze doorzocht ze als het gerechtelijke team klaar was. Op die manier kreeg zij de lijken het eerst en identificeerde ze, zodat de familie de afschuw van de zich ontbindende gezichten niet hoefde te zien.

Het was zo'n afschuwelijke plaats, geen plaats waar iemand zijn geliefde zou willen vinden.

De forensische artsen behandelden haar vriendelijk, omdat ze respect hadden voor wat ze probeerde te doen. Soms maakten ze echter grapjes over haar dat ze de laagste in de voedselketen was, omdat ze vaak om een mes moest vragen om dode huid en maden af te schrapen om een lijk te prepareren zodat het door de familie gezien kon worden. Maar het kon haar niet schelen; niemand anders zou dit werk doen.

Het was erg traumatisch werk en iedere minuut van de dag ervoer ze meer afschuw dan wat de meeste mensen in een heel leven meemaken. Ze zei dat alleen de herinnering aan Amma haar de kracht gaf om door te gaan.

Omdat ze het zielenleed en de pijn van de gezinnen kende, die kwamen om de overblijfselen van hun geliefden te zoeken, probeerde ze zoveel mogelijk hun meer pijn te besparen dan ze al geleden hadden. Naast het helpen met het identificeren van de lijken, probeerde ze ook de mensen te troosten en op te beuren. Soms nam ze hen mee om koffie te gaan drinken of ze probeerde om hun emotionele steun te geven.

Nadat ze daar een paar maanden gewerkt had, moest ze terugkeren naar Australië, omdat haar geld helemaal op was. Het was geen verrassing dat ze een totaal ander perspectief op het leven had, nadat ze zoveel tijd doorgebracht had temidden van rottende lijken, maden, hitte en uitzonderlijk verdriet. Ze kwam thuis en voelde zich helemaal niet op haar plaats. Ze voelde zich als een vreemdeling in de plaats die ze eens haar huis had genoemd. Ze walgde van de futiliteit ervan: "Ik heb een nieuwe rok gekocht…" "John heeft Sara bedrogen…" Ze werd erg rusteloos toen ze terug in Australië was, omdat ze het ontzettende lijden van mensen op andere plaatsen kende.

Ze had geen geld meer om te reizen en besloot haar verhaal aan een krant te geven in ruil voor net genoeg geld om een vliegticket naar Sri Lanka te kopen. Ze vloog toen met haar broer naar Sri Lanka en samen gingen ze aan de slag om de tsunamislachtoffers zoveel mogelijk te helpen.

Op een keer kwam er in Sri Lanka een man aan met een grote, bloedende wond op zijn hoofd. De plaatselijke dokter weigerde hem te behandelen. Hoewel ze nooit eerder een wond gehecht had, wist ze dat het noodzakelijk was het onmiddellijk te doen, voordat hij te veel bloed verloor. Vol moed probeerde ze de eerste steken en maakte met succes het werk af, dat zelfs plaatselijke dokters aarzelden te doen.

Ze werd voorgedragen voor de "Young Australian Award for Bravery[1]." Filantropen in de hele wereld waren vol trots en verwondering over haar grote moed en onbaatzuchtige aard. Hoewel ze niet de eerste prijs voor de onderscheiding won, wordt ze in veel harten als winnaar beschouwd.

Een andere goedaardige engel voelde ook de drang om te helpen in Sri Lanka in de nasleep van de tsunami. Omdat zoveel van het eiland verwoest was, werden lijken gewoon op het strand achtergelaten om weg te rotten. Nadat deze man het niet afgehaalde lijk van een klein meisje op het strand had zien liggen, besloot hij haar lichaam op te halen, te ruste te leggen en haar als zijn zusje te beschouwen. Liefdevol pakte hij haar lichaam op en begroef haar met dezelfde zorg als hij aan iemand van zijn eigen familie besteed zou hebben. Hij ging

---

[1] Onderscheiding voor dapperheid voor jonge Australiërs.

167

door en verwijderde ook andere lijken op dezelfde manier en zag ieder van hen als zijn familie.

Hij leefde lange perioden zonder eten en deed dit werk alleen om te helpen. Uiteindelijk beseften de plaatselijke bevolking de kracht en oprechtheid van zijn handelingen en namen ze het op zich hem naar hun beste vermogen te eten te geven.

Hij wilde de recitatie van *Om namah Shivaya* organiseren, omdat hij wist dat de mensen op dat moment spirituele troost erg hard nodig hadden. Hoewel de plaatselijke militante groepering hem dreigde te vermoorden, liet hij herhaaldelijk weten dat hij niet bang was voor de dood. Hij zei dat ze hem konden doden als ze dat wilden, maar dat hij de recitatie zou organiseren, wat er ook gebeurde. En hij *heeft* het georganiseerd. Onnodig te zeggen dat ze hem gewoon lieten doen wat hij wilde, omdat ze zijn moed en sterke karakter inzagen.

Deze beide jonge mensen vergaten zichzelf helemaal in hun verlangen iets goeds te doen voor anderen in nood. Hun eenvoudige heldendaden maken deze egoïstische wereld tot een veel betere plaats.

Amma's inspiratie geeft ons de kracht om geweldige dingen te presteren, als we door een onbaatzuchtige houding geleid worden. In de tijd van veel lijden en verdriet na de tsunami wilden niet alleen mensen, maar ook dieren elkaar helpen.

In Nairobi overleefde een jong nijlpaardje de tsunamigolven op de Keniaanse kust. Hij woog 300 kilo, maar toch werd hij door een rivier meegesleurd naar de Indiase Oceaan en vervolgens terug naar de kust gedreven door de enorme vloedgolf. Nadat het nijlpaardje zijn moeder verloren had,

had hij een trauma. Hij werd naar een wildreservaat gebracht en werd uiteindelijk door een reusachtige schildpad van honderd jaar oud bemoederd. Ze ontwikkelden zo'n sterke band met elkaar: de schildpad nam de rol van pleegmoeder op zich en liet het nijlpaard haar volgen, alsof het haar eigen kind was. De twee aten, sliepen en zwommen samen als moeder en kind.

Een zevenjarige jongen werd uit de greep van de tsunami gered door de familiehond die de jongen een heuvel op trok, weg uit het kleine hutje waar hij zijn beschutting had gezocht. De moeder van de jongen was met haar twee jongste kinderen gevlucht in de hoop dat haar oudste zoon sterk genoeg zou zijn om op eigen kracht de tsunami te ontvluchten. Toen de jongen een hut in rende, duwde de hond hem weer naar buiten en dreef hem een heuvel in de buurt op.

In tijden van vrees en verdriet overschrijden liefde en mededogen alle grenzen. Op een keer zag ik een klein krantenknipsel over een jonge, hardwerkende regeringsambtenaar. Hij vertelde hoe hij veel ervaring met rampenmanagement had opgedaan toen hij te maken had met een vreselijk tragische brand in Kumbhakonam bij Chennai.

Bij dat ongeluk werden 94 schoolkinderen levend verbrand en degenen die het overleefden, waren zwaar gewond. Sommige ouders hadden zelfs twee of drie kinderen bij de brand verloren. We kunnen ons hun verdriet niet eens voorstellen, laat staan hoe ze de toekomst tegemoet konden zien na dit lijden. De ambtenaar vertelde verder met tranen in zijn ogen dat hij tijdens de tsunamireddingsoperaties die hij leidde, enkele moeders van deze kinderen weer ontmoette.

170

Alle ouders kwamen samen en hoewel de meesten van hen erg arm waren, werkten ze hard om ongeveer 2.500 euro bij elkaar te krijgen. Dat bedrag kwamen ze hem aanbieden voor de tsunamihulp. Vrouwen die hun kinderen bij de brand verloren hadden, gaven nu geld voor kinderen die hun ouders bij de tsunami verloren hadden.

Verdriet was hun gids geworden die hen naar een open hart leidde.

Tijdens de tsunami stroomde er vuil water en modder door alle kamers op de begane grond in de ashram in Amritapuri. Veel dingen in mijn opslagkamer waren vernield of licht beschadigd. Nadat we alles schoongemaakt en gesorteerd hadden, vond ik een hoop verschillende, oude kralen. Ik vond ze te lelijk om er iets van te maken. Ze waren nutteloos voor me.

Ik legde de ergste apart met de gedachte dat ik ze aan de kleine kinderen in de tsunami-opvangcentra kon geven. Ik stelde me voor dat ze zich konden amuseren door er halskettingen van te maken. Het duurde even voor ik een meisje vond dat bereid was deze voorraad naar het kamp te brengen om aan de kinderen te geven. Het meisje vertelde me later wat er gebeurd was toen ze ze naar een klein centrum dat bij de ashram lag, had gebracht.

Ze vertelde dat de mensen wat plastic matjes pakten om op te zitten werken. Daarna spreidden ze alle kralen en voorraden uit en begonnen die te sorteren. Ik had ook wat vislijn meegegeven om ze eraan te rijgen en wat oude haakjes die ik niet kon gebruiken.

De mensen zaten daar urenlang in stilte zorgvuldig de kralen aaneen te rijgen tot prachtige halskettingen. In tegenstelling tot wat ik gedacht had, waren het niet de vrouwen en

kinderen die dit rijgwerk deden, het waren vooral de mannen.
Ze hadden zoveel lol toen ze geconcentreerd werkten om iets
moois te maken uit het afval van een ander. Een paar mannen
versierden zich met halskettingen en ze genoten allemaal, met
elkaar lachend om hoe grappig ze eruit zagen.

Het was een prachtige kans om vreugde te schenken aan
deze stoere vissers die zoveel verloren hadden. Ze vertelden hoe
hulpeloos ze zich voelden, omdat ze geen voedsel, kleding of
onderdak meer aan hun gezin konden verschaffen – als ze nog
een gezin hadden.

Amma begreep dat deze vissers geen ander werk kenden
dan de kost op zee verdienen. Ze vermoedde dat ze, als ze
een paar maanden niet zouden werken, zelfmoord konden
plegen door de frustrerende gedachte dat ze nutteloos geworden waren.

Om een glimlach te toveren op het gezicht van de vrouwen en de kinderen was niet zo moeilijk geweest, maar door
deze bezigheid vonden ook de mannen een mogelijkheid om te
glimlachen en weer vreugde te ervaren. Ondertussen bouwde
Amma ook een nieuwe vissersvloot voor hen.

In India veroorzaakte de tsunami de grootste schade
in de staat Tamil Nadu. Amma zond onmiddellijk brahmachari's om daar met de hulpverlening te beginnen en
de dakloze mensen van voedsel en tijdelijk onderdak te
voorzien, totdat er blijvende huizen gebouwd konden
worden. De ashram deelde aan duizenden mensen rijst en
andere droge goederen uit. Iemand liet Amma foto's zien
van mensen die deze primaire levensmiddelen ontvingen.
Ik keek over Haar schouder mee toen Ze de foto's doornam
en één ervan zal ik nooit vergeten. Er stond een huilende

man op die een grote plastic zak vasthield. De brahmachari probeerde hem te troosten. Deze man had een zak rijst, maar niemand om het voor hem te koken en geen familie om het mee te delen, omdat al zijn familie bij de tsunami omgekomen was. Ik zal me zijn blik van ondraaglijk leed altijd herinneren.

In het dorp bij Amritapuri werden talloze gezinnen verwoest omdat gezinsleden of kinderen bij de tsunami omkwamen. Sommige vrouwen konden weer zwanger worden, maar bij anderen waren de eileiders operatief afgebonden en zij waren helemaal radeloos. Ze hadden hun kinderen verloren en geen mogelijkheid om opnieuw kinderen te krijgen. Sommigen van deze vrouwen hadden zelfs twee kinderen verloren.

Toen Amma van de benarde situatie van deze ongelukkige gezinnen hoorde, onderzocht Ze de mogelijkheid van hersteloperaties om de vrouwen weer de kans te geven zwanger te worden. Amma eiste dat de dokters hiervoor de beste technieken gebruikten. Zes vrouwen ondergingen deze operatie en een van hen werd zwanger. Er werd een gezonde baby geboren bij een oneindig dankbaar echtpaar.

Toen Amma hoorde dat het heropenen van de eileiders bij de anderen niet succesvol was geweest, adviseerde Ze de artsen in AIMS om in-vitrobevruchting te onderzoeken. Drie vrouwen ondergingen deze behandeling en werden zwanger. Een van hen, die zowel een dochter als een zoon verloren had, schonk het leven aan een tweeling: een jongen en een meisje. Haar gezin was hersteld door Amma's genade en mededogen. Deze pasgeboren kinderen kunnen de echte engels van de tsunami genoemd worden. Amma gaf deze vrouwen opnieuw leven en de mogelijkheid om weer te glimlachen, wat een van de allergrootste wonderen is.

Hoofdstuk 14

Onszelf vergeten

*Wanneer iemand op de vreugde en het verdriet van
anderen reageert alsof het het zijne is, heeft hij de
hoogste toestand van spiritualiteit bereikt.*
Bhagavad Gita, 6:32

De liefde van een echte moeder is onvergelijkelijk. Haar
uithoudingsvermogen en doorzettingsvermogen zijn
onovertroffen. Ze vergeet zichzelf, denkt helemaal niet aan
haar eigen lichaam en haar kinderen gaan altijd voor haar eigen
behoeften. Soms kan ze zelfs van eten en slaap afzien omwille
van haar kind, maar is toch gelukkig omdat ze dit allemaal uit
liefde voor haar kind doet.

Amma vertelt een verhaal over hoe enorm de liefde van
een moeder kan zijn. Het is een verhaal uit Tamil Nadu over
de liefde en opoffering van een groot koningin voor de wereld.
De koningin was bijna zover dat ze het leven kon schenken aan
haar kind en dus riep ze een astroloog om de toekomst van
het kind te voorspellen. De astroloog voorspelde dat de baby,
als hij op een bepaald moment geboren zou worden, haar, de
koning en ook het koninkrijk veel schade zou berokkenen.
Maar als het kind in een latere periode geboren zou worden,
dan zou het vermaard, vriendelijk en edelmoedig worden en
het koninkrijk veel geluk schenken.

De koningin was zich goed bewust van de data voor de gunstige geboortetijd die ze gekregen had. Helaas kreeg ze al heel vroeg barensweeën. Ze dacht: "Als de baby nu ter wereld komt, zal hij ongeluk over het hele koninkrijk brengen. Ik mag dit niet laten gebeuren." De koningin gaf haar dienstmeisje opdracht haar ondersteboven te hangen, zodat de geboorte van het kind vertraagd zou worden. Ze bleef zo hangen totdat de gunstige tijd aanbrak waarop, zoals haar verteld was, het kind geboren moest worden.

Toen het zover was, vroeg ze haar dienstmeisje haar los te maken, zodat ze het kind ter wereld kon brengen. Door de enorme aanslag op haar lichaam overleefde de koningin het zelf niet. Maar haar zoon werd later een groot heilige door de ongelooflijke opoffering van zijn moeder.

Er is niets krachtiger dan moederliefde. Toen tijdens de tsunami in Thailand iedereen in paniek raakte en wegrende voor de aanstormende golf, rende een Zweedse vrouw in tegenovergestelde richting, recht op de grote golf af. Ze werd gefotografeerd toen ze het water in rende om haar man, broer en drie zonen te redden. Naderhand rapporteerden de kranten dat niemand wist of de moeder en haar gezin het overleefd hadden. Later zag deze vrouw die de golf in gerend was, het krantenartikel en berichtte dat haar hele gezin het overleefd had en dat ze spoedig herenigd waren, toen het water hen naar hogere grond had gebracht. Na zo dicht bij de dood geweest te zijn, beseften ze hoe kostbaar het leven is en dat moederliefde zo sterk kan zijn, dat ze haar eigen leven riskeert om anderen te redden. De zuiverheid en onbaatzuchtigheid van de liefde van een moeder zal haar altijd de kracht geven om alles te doen wat nodig is.

Als iemand verdrinkt en we hem willen redden, kunnen we op dat moment niet aan onszelf denken. We moeten ons ego laten smelten om een ander te redden. Op dezelfde manier kunnen we onszelf totaal vergeten als we werkelijk van God in onszelf houden. We moeten naar dit soort liefde streven. Dit is het soort liefde dat Amma voor de wereld voelt. Het geeft Haar de kracht om door te gaan, door te gaan, door te gaan en eindeloos mensen te ontvangen.

Wanneer mensen naar Amma's darshan komen, stoten ze in hun enthousiasme om door Haar omhelsd te worden soms tegen Haar aan, staan op Haar voeten en kunnen Haar zelfs fysiek verwonden. Ze verlangen zoveel van Haar en toch behandelt Ze al die zorgen van de mensen alsof ze van Haar eigen kinderen zijn. Misschien houden wij het een half uur vol om alsmaar naar dezelfde vragen te luisteren, voordat we opspringen en wegrennen. Maar Amma blijft geduldig zitten en besteedt aandacht aan iedereen die naar Haar toe komt. Ze verlicht de pijn in het hart en luistert uren aan een stuk naar problemen, zelfs als Haar eigen lichaam pijn doet. Ze denkt helemaal niet aan Haar eigen comfort en zorgt eerst voor anderen en dan pas voor zichzelf.

Amma is het volmaakte voorbeeld van absolute zelfbeheersing. Soms denken we dat we onze grens bereikt hebben, maar wanneer we tot het punt geduwd worden waarvan we denken dat het onze limiet is, komen we er vaak achter dat we nog verder kunnen. Voor Amma zijn er geen limieten of grenzen. Ze geeft altijd het maximum van zichzelf in iedere situatie, hoe Ze zich ook voelt. Amma's liefde geeft haar de kracht en de mogelijkheid alles te doen.

We kunnen ons best doen om Haar voorbeeld te volgen, maar zijn meestal niet in staat om dat te doen. Onze geest praat ons aan dat we misschien wat meer rust moeten nemen of dat we onze krachten moeten sparen, omdat we ons niet goed voelen. Maar Amma niet. Zij offert iedere ademhaling aan de wereld en denkt nooit aan zichzelf. Ze is een voorbeeld van absoluut mededogen en absolute vergeving. Misschien verklaart dat waarom veel mensen Haar als het 'Absolute' beschouwen.

In 2003 moesten we de tournee naar Australië annuleren omdat het reizen met een grote groep tijdens de *SARS*-crisis problemen gaf. In die tijd ontving ik een brief van een organisator van satsanggroepen. Ze schreef:

> Ik ben erg betrokken geweest bij de organisatie van de tournee. Onnodig te zeggen dat ik, net als vele anderen, nu verdrietig ben omdat we er zo naar verlangen Amma te zien als Ze niet bij ons is.
> Ik weet dat Amma de gedachten en gevoelens van al Haar kinderen kent en dat Ze sterk aan ons denkt en dat Ze bedroefd is dat Ze niet kan komen.
> Van mijn kant zou ik wensen dat Amma weet dat Haar kinderen, ook al zijn ze bedroefd, door Haar genade de kracht gekregen hebben om positief met deze situatie om te gaan. Alleen door Haar genade is er zoveel liefde, samenwerking, efficiëntie en openheid van hart ontstaan en dat blijft zo. Mijn tranen stromen, niet uit verdriet, maar uit dankbaarheid, die ik niet adequaat onder woorden kan brengen. Ik wil telkens opnieuw aan Haar gezegende voeten vallen.

Het is totaal ontzagwekkend dat Amma zo'n combinatie van moederlijke zorg voor ieder individu heeft en tegelijkertijd universeel inzicht, dat het verleden, het heden en de toekomst omvat.

Het is een zeer gezegende gift geweest dit in te zien, op welk laag niveau ik het dan ook kan begrijpen. Dit is werkelijk Amma's zoetste prasad en ik zal eraan denken om zoveel harder te proberen om me volgens dharma te gedragen bij mijn alledaagse zaken in het leven, omdat mijn Amma, die de architect van de Wet is, ervoor kiest als een voorbeeld van perfectie voor Haar kinderen te dienen.

Wat zijn we fortuinlijk dat we ons als Amma's kinderen kunnen beschouwen en Haar kunnen dienen en beginnen te leren, ook al is het nog zo wankelend, in Haar heilige voetstappen te lopen.

We hebben in het leven een keuze. We kunnen lijden of we kunnen ongelukkige omstandigheden als Gods wil accepteren, wat deze mensen deden. Hoewel ze volledig van streek waren dat Amma hen dat jaar niet bezocht, vergaten ze hun persoonlijke verlangens helemaal in een daad van overgave.

Wanneer het hart zich met liefde opent om alles, zelfs ongunstige situaties, als Gods wil te omarmen, dan stroomt genade echt naar ons.

Terwijl sommige mensen gelukkig zijn als ze een diepere gehechtheid aan Amma voelen, maken andere zich zorgen dat dit niet goed voor hen is. Ze denken dat ze onafhankelijker en vrijer moeten worden en begrijpen niet helemaal het gevoel van

pijnlijk verlangen dat ze soms beginnen te ervaren wanneer ze meer naar Amma toe groeien.

In onze geest moeten we ons altijd aan iets vasthouden. Wanneer we een klein kind zijn, houden we ons stevig aan mama en papa vast. Als we ouder worden, willen we veel tijd bij onze vrienden doorbrengen en als we getrouwd zijn, zijn we van onze man of vrouw afhankelijk. De aard van de geest is dat hij altijd iets wil hebben om zich aan vast te houden als steun. Amma biedt zich als trap aan om naar Godsrealisatie te klimmen. Gehechtheid aan Amma is alleen om ons naar de hoogste staat te leiden, omdat we deze hoogste toestand niet alleen kunnen bereiken.

Een jonge vrouw voelde dat ze ieder jaar meer tijd bij Amma door moest brengen. Ze voelde zich niet erg op haar gemak met dit gevoel van 'nodig hebben' zoals ze het uitdrukte, omdat het zo strijdig was met de conditionering waarmee ze in het Westen was opgevoed. Ze vertelde Amma hoe ze zich voelde en Amma antwoordde: "Amma waardeert je onschuld en door je zuivere vastberadenheid zullen al deze dingen uitkomen. In het begin is devotie moeilijk. Het begint als een rivier en wordt uiteindelijk als de oceaan. En op een dag zal er geen scheiding meer zijn tussen jou en de oceaan."

Deze jonge vrouw vertelde hoe ze zich voelde nadat ze met Amma over haar twijfels gesproken had:

Ik heb zoveel troost in Haar woorden gevonden. Amma zei me dat ik dichterbij moest komen. Wat ik begrijp is dat Ze zei dat ik nog in ontwikkeling ben, ik ben nog een kind en moet dicht bij mijn Moeder zijn, terwijl ik meer gehecht raak aan God en minder gehecht aan de wereld. Het 'nodig hebben' dat ik voelde, was vooruitgang, geen achteruitgang. Om gehechtheid aan de wereld te vervangen door gehechtheid aan God moet ik dicht bij Haar zijn. Maar als ik steviger gehecht raak aan God, hoef ik niet meer dicht bij Haar fysieke vorm te zijn, omdat ik in Haar opgegaan ben.

Het gevoel van gehechtheid druist in tegen het Westerse denken. Het voelt als een teruggang, omdat we doorlopend geconditioneerd zijn te denken dat onafhankelijkheid je volwassen maakt, volgroeid en verantwoordelijk. Maar we zijn nooit onafhankelijk. We zijn afhankelijk van de wereld om onze verlangens te vervullen en dat brengt ons ellende. Mijn Westerse geest oordeelt nog steeds en zegt dat ik achteruitga, dat ik God in mezelf moet vinden. Waarom kan ik dat dan niet gewoon voelen en mediteren? Mijn gehechtheid aan Amma heeft me geholpen minder gehecht te zijn aan dingen in de wereld die me niet baten. Ze vervangt letterlijk die gehechtheden.

Sommige mensen vinden zichzelf door devotie, terwijl andere zich er helemaal in verliezen.

Toen we door de staat Karnataka reisden, overnachtten we in Amma's school in Karwar. De plaatselijke bevolking was erg opgewonden bij de gedachte aan Amma's programma. Ze stroomden over van devotie. De politie stelde zich in een rij op om de menigte te verhinderen op Amma af te stormen toen Ze naar Haar voertuig liep om naar het programma te gaan. Toen de overweldigende devotie van de mensenmenigte toenam, vergat de politie dat het hun taak was om de mensen tegen te houden. De agenten waren de eersten die naar voren renden om Amma's voeten aan te raken. De rollen werden omgekeerd en ik moest politieagent worden en begon hen van Amma af te trekken, zodat we door konden lopen.

In 2006 kwam in Ahmedabad een gezin met een zeer zieke, oude vrouw om Amma's zegen vragen. De oude vrouw kon niet lopen of praten en werd in leven gehouden door intraveneuze voeding. Haar broer vroeg Amma haar te genezen. Hij zei dat ze zich de laatste drie maanden niet bewogen had en niet meer kon praten. Haar familie had haar in een stoel naar Amma gedragen, omdat de vrouw bijna in een vegeterende toestand was. Amma had hun huis een paar jaar geleden bezocht en daarom bracht de familie haar naar Amma in de hoop dat door devotie iets in haar zou ontwaken.

Amma riep een paar keer naar de bejaarde vrouw. Geleidelijk begon ze Amma's stem te herkennen en kwam langzaam weer tot leven. Ze kermde blij en begon haar armen te bewegen om Amma's lippen en gezicht aan te raken. Er kwamen tranen in haar ogen en ook in die van haar broer, omdat hij overweldigd werd door dankbaarheid jegens Amma. Degenen van ons die erbij stonden, huilden ook bijna. Het was diep ontroerend te zien hoe iemand die bijna in coma was, weer tot leven kwam door Amma te herkennen.

Een jaar later bracht de familie haar weer mee om Amma te zien. Deze keer zat ze in een rolstoel. Toen ze de kamer ingebracht werd, klaarde haar gezicht op van de opwinding. Ze stak haar handen uit om Amma's glimlachende gezicht aan te raken. Ze kon niet echt praten, maar met geconcentreerde inspanning speelde ze het klaar er vier woorden uit te krijgen, die ze tot vreugde van iedereen meerdere keren herhaalde. Ze begon zachtjes te mompelen: "Amma... ik... hou... van je." We waren allemaal erg blij toen we de enorme verbetering in haar gezondheid zagen. Haar familie vertelde dat ze gestaag aan de beterende hand was, nadat ze Amma vorig jaar ontmoet had, en helemaal geen medicijnen meer gebruikte. Liefde voor Amma hield haar gaande. Hoe jong of oud ook, iedereen is een kind in de ogen van die moederlijke liefde.

Een toegewijde in Los Angeles werkte ijverig mee aan de voorbereiding van het jaarlijkse programma. Daarom werd hem een speciale traktatie aangeboden. De organisatoren vroegen hem of hij Amma's schoenen aan wilde doen. (Gewoonlijk houdt iemand Amma's schoenen aan het einde van het programma vast en helpt Haar bij het aantrekken.) Hij was diep in gedachten en het duurde lang eer het antwoord kwam. We vroegen ons af waarom hij het aanbod niet snel aannam. Ten slotte antwoordde hij: "Ze passen me niet, is het wel?"

Naderhand moesten we heel lang lachen toen hij uitlegde dat hij gedacht had dat hem de kans geboden werd Amma's schoenen een tijdje te dragen om alle positieve energie daaruit te absorberen.

Eén man, die altijd al van mediteren hield en aan veel retraites had deelgenomen, zegt dat zijn beste meditatie was toen hij de kans kreeg onbaatzuchtig te dienen bij het eerste programma in Maleisië in 2002.

Tijdens het tweedaagse programma werkte de groep die met Amma meereisde, letterlijk de klok rond zonder rust en bijna zonder eten of drinken. Maar door zich zo op te offeren leek het beste in iedereen naar buiten te komen. Er was nauwelijks tijd voor een egoïstische gedachte. Iedereen was bereid alles te doen wat hij kon om te helpen.

Omdat er een geweldige menigte van duizenden mensen was die Amma voor de eerste keer zou ontmoeten, moesten de meeste mensen urenlang in de hete zon wachten, voordat ze hun darshan kregen. Op de tweede dag waren er vijfhonderd families met gehandicapten, kinderen in rolstoelen en honderden oudere mensen. De zaal was veel te klein om de enorme mensenmassa te herbergen en daarom waren we voortdurend bezig om plaatsen in de schaduw te organiseren, waar de families met gehandicapten konden wachten op hun beurt voor de darshan.

De groep die met Amma meereisde diende enthousiast bij de programma's en ervoer nooit echt enige ontbering. Het leek Amma's genade te zijn, dat ze zo hard werkten en zich toch enorm vervuld voelden met weinig comfort en tijd om te rusten. Sommigen van hen zagen Amma slechts twee maal tijdens de twee dagen van het programma, toen Ze hen riep om ieder vijf minuten lang de prasad aan Haar te overhandigen tijdens de darshan. Maar de mensen zeiden dat ze zich nooit zo dicht bij Amma gevoeld hadden als toen ze in de boekwinkel werkten en hielpen bij het in goede banen leiden van de mensendrommen. Zichzelf vergeten door te dienen schonk hun meer innerlijke rust dan welke vorm van meditatie dan ook.

Door Amma in ons te zoeken en onszelf te vergeten door Haar te dienen ontdekken we de mogelijkheid van echte vrijheid en geluk. Wat we verkrijgen is onmetelijk en wat we verliezen of vergeten is alleen maar dat wat ons scheidt van ons ware Zelf.

Toen verslaggevers Amma vroegen wat Ze ervaart als Ze mensen tijdens darshan omhelst, antwoordde Amma dat Ze één met hen wordt en hun pijn, verdriet en vreugde ervaart. Ze ziet anderen zoals Ze Haar eigen gezicht in de spiegel ziet. Ze ziet geen dualiteit meer, maar slechts eenheid. Door onbaatzuchtig lief te hebben worden we allemaal één.

Hoofdstuk 15

Ware overgave

*Als de vonken in het rond vliegen,
zal ik mijn dorst en honger als gelest beschouwen. Als
de hemel instort, zal ik het als een stortregen voor
mijn bad beschouwen.
Als een heuvel over me heen glijdt,
zal ik het als bloemen voor mijn haar beschouwen. O
Heer, wit als jasmijn,
als mijn hoofd van mijn schouders valt,
zal ik het als een offer aan U beschouwen.*

Mahadevi akka

Wanneer mensen proberen Amma te prijzen voor alles wat Ze doet, wil Ze nooit de eer ervoor opstrijken. Met verbazingwekkende nederigheid zegt Ze dat Ze slechts een instrument is. Ze zegt dat Ze zoveel goede kinderen heeft en dat zo alle prachtige projecten tot stand gebracht worden. Amma zegt dat ze gewoon een pijp is die met de Bron verbonden is.

Toen we in 1987 voor de eerste wereldtournee op reis gingen, vroeg ik me steeds af hoe de zaken zouden lopen. Ik wist dat wij van Amma hielden, maar wat zouden de mensen in het Westen vinden? Ik maakte me er een beetje zorgen over hoe de mensen Haar zouden zien, omdat ik zoveel buitengewone facetten van Amma's goddelijke natuur gezien had.

De Heilige Moeder was slechts één van de ontelbare gezichten die Ze ons liet zien. Ze kon ook als een onschuldig kind zijn, een gekke vrouw en ook de vorm van Kali aannemen, die probeert ons ego te vernietigen. Amma werd wat we nodig hadden om uit het starre omhulsel van onze voorkeur en afkeur te breken. Ze kon ons met schrik vervullen als Ze onze fouten corrigeerde, maar ook onze onbuigzame harten breken met slechts één meedogende blik. Amma sprak niet veel Engels en was altijd in traditionele Indiase kleding gekleed. Daarom vroeg ik me af of de mensen in het Westen bereid waren Haar te accepteren. Ik twijfelde eraan of ze Amma's grootheid volledig konden herkennen, die erg diep achter Haar nederigheid verborgen lag.

Wij vonden Amma absoluut onweerstaanbaar, maar de wereld had nooit een spirituele meester als Haar gezien. Natuurlijk waren mijn dwaze gedachten volkomen ongegrond. Amma had er nooit twijfels over of Ze geaccepteerd zou worden. Ze was altijd helemaal overgegeven aan Gods wil en droeg ons op ons nooit over iets zorgen te maken, omdat God altijd verschaft wat nodig is.

Amma heeft nooit iemand toegestaan om iets in Haar naam te vragen. Ze wilde altijd dat we hard werkten om te bereiken wat nodig was. Vanaf het allereerste begin, toen de eerste mensen naar Haar kwamen om zich van hun verdriet te bevrijden, hebben Gods genade en beschikking zich ontvouwen.

In de eerste tijd van de ashram waren er alleen een paar hutten met een dak van kokosbladeren om in te wonen, hoewel we vaak buiten in het zand sliepen, onder de sterren. Ons spaarzame onderdak werd soms aan bezoekers aangeboden die geen andere plaats hadden om te overnachten. Op een bepaald moment gaf een toegewijde wat geld om een gebedshal te bouwen. In diezelfde tijd hoorde Amma over de ellendige toestand van de kinderen in het weeshuis in Paripally dat er zo erbarmelijk aan toe was. Met het geld bedoeld voor de bouw van de hal besloot Ze het weeshuis te kopen om de kinderen uit hun vreselijke levensomstandigheden te halen. We moesten nog een paar jaar wachten voordat de hal gebouwd werd, maar Ze wist dat we het altijd zouden redden.

Als bepaalde eerste levensbehoeften op waren, raakten we soms in paniek en piekerden erover hoe we het konden kopen, terwijl er geen geld voor was. Net op dat moment, als we echt bezorgd werden, verscheen er iemand die een kleine donatie deed, die precies gelijk was aan het bedrag dat we nodig hadden. Later beseften we altijd hoe belachelijk onze bezorgdheid geweest was. God zorgde altijd voor ons.

Amma zegt dat Ze altijd wist dat Ze voorbestemd was om te worden wat Ze is. Ze was zich vanaf Haar geboorte volledig bewust van Haar innerlijke natuur en besefte dat Ze zich hoorde op te offeren om de wereld te dienen. Ik denk dat het Gods genade is die Haar de kracht geeft de mensen te dienen en te doen wat Ze moet doen. Het tart iedere medische beschrijving dat Ze door kan gaan zoals Ze doorgaat.

De meeste grote heiligen die eerder geleefd hebben, hadden een bepaalde ziekte of aandoening, maar toch dienden ze de mensen, ook al leden ze. Ze sloten zich niet in een kamer op en vermeden geen mensen vanwege hun ziekte. Ze brachten de les over dat we voorbij ontberingen moeten gaan om te dienen. We moeten gewoon aan anderen blijven geven.

Een van de beste manieren om van Amma te leren is het observeren van Haar leven. Ze heeft de enorme zelfbeheersing om zich helemaal boven het bewustzijn van Haar lichaam te stellen. Tijdens een laat programma, wanneer we allemaal klaar zijn om naar huis te gaan om wat slaap te krijgen, gaat Amma het soms langzamer aan doen en geeft de beste darshans aan degenen die het laatst komen. Haar lichaam doet misschien pijn, maar Ze transcendeert het en vergeet zichzelf volledig. Ze wil dat het zo is, want Ze heeft zichzelf als een gift aan de wereld geschonken en zegt dat je een gift die je eenmaal gegeven hebt, niet terug kan nemen.

Een prachtig verhaal illustreert hoe de mahatma's aan de wereld blijven geven. Ze kunnen daar niets aan doen, het is eenvoudig hun aard om te geven. Hun hart is zo vol liefde, dat het overstroomt van mededogen. Zelfs als de wereld niet begrijpt wat ze doen, dwingt hun aard hen om alsmaar te blijven geven.

Er was eens een mahatma die in een erg lage kaste geboren was. Hij was pottenbakker van beroep en hoewel hij Zelfrealisatie bereikt had, bleef hij als pottenbakker werken. Iedere dag ging hij het bos in en maakte van klei tien potten op de pottenbakkersschijf. De rest van zijn tijd bracht hij in meditatie door. Hij probeerde de potten die hij maakte, aan de dorpelingen te geven, maar omdat hij tot de laagste kaste behoorde, accepteerde niemand zijn liefdadigheid.

Op een dag bedacht hij een plan. Hij ging naar ieder huis en zei dat hij gekomen was om de potten te verkopen. Hij kondigde aan: "Ik heb tien potten te koop. Wilt u ze kopen? Iedere pot kost vijftien roepies." Dit maakte de mensen in het huis kwaad, omdat ze wisten dat de prijs van een pot slechts tien roepies hoorde te zijn. Ze zeiden tegen de pottenbakker dat ze zijn potten niet wilden, omdat ze die ergens anders goedkoper konden krijgen. Ze droegen hem op te vertrekken en al zijn potten mee te nemen.

De pottenbakker zei: "Oké, u hoeft ze niet te kopen. Ik neem mijn negen potten wel weer mee," hoewel hij tien potten aangeboden had. De persoon in het huis dacht dan: "Hij weet niet hoeveel potten hij me heeft aangeboden. Misschien kan ik die ene pot wel voor mezelf houden, omdat hij niet doorheeft dat hij die mist." De pottenbakker ging van het ene huis naar het andere en liet in ieder huishouden een pot achter. De mensen beseften nooit dat hij de potten met opzet aan hen gaf.

Op dezelfde manier geeft God ons altijd genade, zelfs als we denken dat we die niet willen of nodig hebben. We kunnen nooit precies begrijpen hoe een perfecte meester op ons inwerkt om ons uit het lijden te halen dat we zelf teweegbrengen. Onze beperkte geest en verstand kunnen slechts een fractie waarnemen van wat hij ons werkelijk kan geven.

Een van Amma's Amerikaanse toegewijden vond in Amma waar ze altijd naar gezocht had: een liefhebbende moeder en een spirituele gids die haar van de duisternis naar het licht kon leiden. Ze realiseerde zich dat alleen de genade van een spirituele gids alle gaten in haar leven op kon vullen en het volledig kon maken. Op een avond, tijdens het programma in de ashram in San Ramon, sprak ze met een vriendin die als vrijwillige parkeerwachter werkte. Plotseling werden ze onderbroken door een vrouw die aan kwam hollen en riep: "Iemand van jullie op de meditatieheuvel heeft hulp nodig."

Haar vriendin pakte een walkietalkie om de veiligheidsdienst te vragen daarheen te gaan. Ondertussen zei haar vriendin terloops tegen haar: "Waarom ga jij daar niet heen om te kijken wat er aan de hand is?"

De vrouw stemde ermee in en ging de heuvel op. Eerder die dag had ze een lolly gekregen en die had ze nog in haar mond toen ze de heuvel op liep.

Omdat er helemaal geen maan was, was het tamelijk donker en kon ze niet goed zien. Links van haar in de struiken zag ze iets wat op een hoop kleren leek. Ze liep naar de klerenhoop en hoorde daaruit een stem komen: "Hé, kun je even een handje helpen?" Het was een Australische man die bij de veiligheidsdienst werkte.

Ze liep een beetje dichter naar de klerenhoop toe en toen haar ogen zich aan de duisternis aangepast hadden, zag ze dat de hoop kleren twee mannen waren. De Australische bewaker lag op zijn rug en iemand anders zat boven op hem en drukte hem tegen de grond.

Toen ze besefte wat er aan de hand was, trok ze deze kerel onmiddellijk van de ander af. De jongeman begon te worstelen. Om te voorkomen dat hij op haar sprong, wierp ze hem kordaat op de grond met zijn gezicht naar beneden. Ze greep zijn rechterarm en drukte die in een houdgreep op zijn rug. Hij worstelde nog steeds om overeind te komen, maar ze liet hem niet opstaan en versterkte de greep die ze op hem had. Ze was helemaal niet kwaad of van streek, maar hield hem gewoon stevig onder controle. Ze was bang dat ze hem pijn zou doen, als hij niet ophield met vechten.

Na een paar minuten kwam de andere bewaker eraan. Hij sprong op de man en hield hem vanaf de andere kant in bedwang. Hierna kalmeerde de jongeman, volledig uitgeput. De twee Australische bewakers wendden zich tot haar met een grote grijns op hun gezicht. Aanvankelijk wist ze niet of ze glimlachten omdat een vrouw een van hen had gered of omdat ze nog steeds de lolly in haar mond had. Misschien was het allebei. Tijdens de vuurproef had ze die lolly de hele tijd in haar mond gehad. De lolly was op nadat ze allemaal opgestaan waren.

Naderhand ging ze niet naar Amma om Haar over deze ervaring te vertellen, omdat ze dacht dat dat haar ego zou vergroten. Maar het verhaal dat een meisje de sterke Australische mannen gered had, deed heel vlug de ronde. Amma vond het prachtig dat een vrouw hen gered had en uiteindelijk vertelde Ze een lachwekkende versie van het verhaal aan anderen: een meisje liep achteloos de heuvel op met een lolly in haar mond. Ze zag een gekke man met de mannen vechten. Ze liep naar de gekke man en sloeg hem met haar lolly. De gekke man zette het op een lopen.

In San Ramon gaf een zeer aardige vrouw haar een papieren onderscheiding, de Lolly Heldenonderscheiding. Ze dacht dat Amma flink zou moeten lachten, als Ze dit zag. Daarom nam ze deze onderscheiding mee in de hoop dat ze die uiteindelijk aan Amma kon laten zien.

Op de laatste dag van de tournee had de tourneestaf een picknick met Amma in Boston vlak voordat Ze naar India vertrok. Terwijl Amma bezig was iedereen een bord met eten te serveren, liet zij Amma haar onderscheiding zien.

Amma vroeg de Australische man het verhaal te vertellen hoe hij gered was. Toen hij daarmee klaar was, nam Amma de onderscheiding in Haar hand en begon een eigen verhaal te vertellen:

Er woedde eens een brand en die was groot en zo krachtig dat hij volledig onbeheersbaar was geworden. Alle brandweerwagens waren bang om erheen te gaan. Er kwamen overal extra brandweerwagens vandaan, maar niemand durfde eropaf te gaan. Plotseling stormde één brandweerwagen uit het niets op het vuur af. Dit gaf alle andere brandweerwagens moed en ze volgden hem onmiddellijk. Spoedig konden ze het vuur doven. De anderen, die trots waren op de dapperheid van de eerste brandweerwagen, wilden hem een onderscheiding geven. Ze richtten een groot feestmaal ter ere van hem aan. Toen iedereen er was om zijn waardering te tonen, vroegen ze hem of ze iets voor hem konden doen om hun dankbaarheid te tonen. Hij antwoordde: "Ik wil graag dat de remmen van mijn brandweerwagen gerepareerd worden."

Iedereen lachte. Amma hield toen de papieren beloning omhoog en zei: "Is haar beloning daarvoor?" Niemand zei een woord. De lollyheld begon zenuwachtig te worden. In gedachten ging ze terug naar die avond en ze begon haar daden op die avond te betwijfelen. Toen wendde Amma zich tot de Australische man en zei: "Ik heb jou gevraagd jouw kant van het verhaal te vertellen. Het verhaal over de brandweerwagen was voor jou bedoeld!" Toen deed Ze de vrouw na die op haar lolly zoog. Ze liet Haar ogen heen en weer bewegen als een kind en deed toen alsof ze de kwaaie kerel met de lolly sloeg. Amma en iedereen lachten uitbundig. Ze keek een heel tijdje met een grote glimlach naar de onderscheiding en verkondigde toen aan iedereen hoe dapper deze vrouw geweest was. Amma kuste haar boven op haar hoofd en gaf haar de onderscheiding terug.

Deze vrouw wist dat ze gewoon een instrument in de handen van de meester was geweest. Ze had gehandeld, maar van binnen was ze helemaal rustig en aanwezig, zonder angst, vrees of zorgen. Ze had niet aan de toekomst gedacht en wat er kon gebeuren, noch was ze verlamd door herinneringen aan het verleden en daardoor niet in staat te handelen. Ze had daar gewoon gereageerd door te helpen. Gewoon op het moment. Geloven dat zij gehandeld zou hebben, zou een grote vergissing geweest zijn. Ze had van tevoren gehoord dat wanneer iemand iets groots bereikt, het altijd de genade van de guru is.

Toen deze vrouw er later over nadacht, besefte ze dat de lolly de echte held van het verhaal was, want de lolly symboliseert kinderlijke onschuld. Dat ze de lolly nooit losliet, of moeten we zeggen dat de lolly haar nooit losliet, was de echte boodschap. In die echte toestand van onschuld en van het loslaten van het ego zal de genade van de guru ons altijd redden en anderen ook.

Amma herinnert ons eraan dat we op deze reis nooit alleen zijn. God is altijd bij ons. De liefde en het licht van de Allerhoogste leiden ons altijd, mits we God toelaten onze hand vast te houden. Wil dit gebeuren, dan moeten we zelfovergave hebben. Als we zelfovergave hebben, dan zal genade naar ons stromen en zullen we uiteindelijk waar geluk en innerlijke rust vinden.

Een vrouw uit Zuid-Amerika, die al vele jaren piloot was, vertelde me een krachtige droom die ze over Amma had. Ze had 747's gevlogen en was gewoonlijk de tweede piloot. Ze dacht altijd dat ze haar leven onder controle had, totdat ze een droom had. In die droom zat ze achter het instrumentenpaneel in het vliegtuig en wendde zich tot de eerste piloot. Met een schok besefte ze dat het Amma was die achter het controlepaneel zat. Amma glimlachte naar haar en zei: "Ik ben degene die het vliegtuig bestuurt." Ze werd blij wakker, gerustgesteld dat haar leven veilig was in de best mogelijke handen.

Toen we op de Noord-India tournee in 2006 in Lucknow aankwamen, stemde Amma ermee in om na het avondprogramma het huis van een toegewijde te bezoeken. De bewoner van het huis had veel onderscheidingen gekregen voor het werken met gehandicapte mensen. Hij had ook talloze boeken over het onderwerp geschreven. Een zoon van hem zat al vele jaren, vanaf zijn zeventiende, in een rolstoel. Behalve dat hij altijd in een rolstoel moest zitten, had hij ook ernstige ademhalingsproblemen.

We waren bedroefd toen we de problemen van de oudste zoon zagen. Toen kwam de tweede zoon uit de kamer ernaast tevoorschijn. Hij liep heel langzaam naar Amma, stap voor stap, met veel pijn, steunend op een looprekje. Hij leed aan dezelfde slopende zenuwziekte die zijn broer op die leeftijd gekregen had. Het was schokkend om te zien dat ze beiden zoveel leden.

Amma sprak met hen en vroeg hun hoe laat ze 's ochtends opstonden. Ze vertelden Amma allebei dat ze om vijf uur opstonden, nadat ze om middernacht naar bed waren gegaan en vijf uur geslapen hadden. Ze hadden allebei een vaste baan. De een had een boekwinkel en de ander werkte bij een bank. Ze probeerden allebei altijd heel opgewekt en behulpzaam naar de klanten te zijn. Hoewel ze ernstig gehandicapt waren, hadden ze de discipline om slechts vijf uur te slapen en even hard te werken als iemand die gezond en sterk is. We waren allemaal diep onder de indruk van hun houding van overgave tegenover het leven, hoewel ze de tegenslag hadden dat ze lichamelijk zoveel leden.

Bij een theestop eerder in de tour vertelde een Nederlander aan de hele groep die met Amma meereisde, wat hij meegemaakt had tijdens het programma van de vorige nacht. Hij was een van de mensen geweest die hielpen bij het in bedwang houden van de mensenmenigten tijdens het darshanprogramma. Aan het eind van de avondbhajans ging hij snel naar de voorkant van de darshanrij om te proberen de mensenmassa binnen de hekken te houden. De darshan zag er vaak uit als een stadsbus tijdens spitsuur, propvol met veel getrek en geduw. Meestal duurde het minstens een uur voordat deze onstuimigheid van het begin tot rust kwam.

Plotseling stond er een ruw uitziende man voor hem: "Kan ik snel naar de darshan gaan?" vroeg hij.

"Hebt u een kaartje?" vroeg hij hem.

"Nee," zei de man, "ik ben van de politie."

Hij had geen uniform aan en de Nederlander had al honderden redenen gehoord waarom mensen een plaats vooraan in de darshan rij moeten hebben: zieke moeders, hartziekten, open wonden, gehandicapte kinderen of gewoon een verdrietige, bedelende blik.

"Kunt u zich identificeren?" vroeg de Nederlander.

"Nee, maar ik heb een revolver," zei de man terwijl hij naar zijn heup wees.

Een beetje geïntimideerd ging de Nederlander met zijn handen over de heupen van de man om dit te controleren. Er hing daar inderdaad een groot pistool. Op dat moment werd hij erg zenuwachtig en daarom zei hij op ferme toon: "Nee, met een pistool kunt u niet naar de darshan gaan," en hij duwde de man langzaam terug. Hij wilde hem uit de buurt van Amma en de menigte houden voor het geval hij iets geks deed. Hij hoopte dat de man rustig bleef. Hij keek rond naar iemand die hem in deze delicate situatie kon helpen.

"Kan ik u mijn pistool geven en dan naar de darshan gaan?" vroeg de man heel lief.

"Ja, u kunt mij uw pistool geven," antwoordde de Nederlander, denkend dat er op die manier tenminste niets kon gebeuren. Vijf seconden later hield hij onhandig een groot pistool in zijn hand. Hij zei dat hij nooit eerder een pistool vastgehouden had en was er niet zeker van hoe hij dat moest doen. Uiteindelijk zag hij een van de verantwoordelijke swami's en riep hem erbij om in de situatie te helpen. Er ontstond een lange discussie met de man, maar hij mocht uiteindelijk naar de darshan gaan.

Ondertussen merkten andere mensen in de groep op wat er gebeurde en kwamen kijken naar het pistool dat de Nederlander onder zijn overhemd hield, precies als James Bond. Een paar mensen begonnen grappen te maken. Zij vroegen zich met name af waarom een politieman zijn pistool aan een buitenlander gaf.

De agent kwam terug van darshan met tranen in zijn ogen. Hij vertelde dat hij meer dan honderd vijftig kilometer op zijn motor gereden had om Amma te ontmoeten. Als hij niet met een pistool naar de darshan kon, dan moest het maar zonder.

Hij besefte het risico dat hij genomen had: als zijn meerderen erachter kwamen dat hij zijn pistool afgegeven had, zou hij zijn baan verliezen.

Op dat moment kwam een plaatselijke politicus naar voren die in de hele staat erg bekend was en ook een toegewijde volgeling van Amma was. De politieagent had de taak om hem te beschermen. Hij begon de agent serieus de les te lezen. De agent keek verbaasd, glimlachte en begon te lachen. Hij zei: "Ik geef me aan Ma over, er kan dus niets gebeuren." Niemand kon daar iets tegen inbrengen.

Amma zegt dat mensen vaak hun eigen geweten willen volgen in plaats van de woorden van de meester. Maar ons bewustzijn is geworteld in gedachten en de geest, en deze zijn geworteld in maya en onwetendheid, dus wat bereiken we daarmee? Amma zegt: "Vertrouw, vertrouw eenvoudig op het bestaan van de guru. Alleen vertrouwen in een perfecte meester zal je helpen het ego en alle egocentrische gedachten los te laten, wat je in staat stelt een prachtig leven te leiden en de dood vol liefde te omarmen." De schoonheid die ons leven doordringt, manifesteert zich in de schoonheid van onze dood. Maar deze schoonheid in het leven is alleen mogelijk wanneer we ons aan een echte meester overgeven. Overgave aan een echte meester is overgave aan het gehele bestaan.

Hoofdstuk 16

Spirituele vooruitgang

Verwerf inzicht bij al wat gij bezit.
Spreuken 4:7

Sommige mensen zijn bang dat een dieper spiritueel leven het einde van hun vrijheid betekent. Maar wanneer we ons overgeven, is dat niet het einde; het wordt een zeer mooi begin.

Toen een volgeling hoorde dat er een ashram in Californië gebouwd werd, voelde hij een sterk verlangen daar te gaan wonen, maar hij vroeg zich tegelijkertijd af of hij spiritueel sterk genoeg was om in een ashram te wonen. Hij schreef Amma een brief waarin hij zei: "Ik wil God zien, maar ik wil ook trouwen en een gezin hebben. Moet ik naar Amma's nieuwe centrum verhuizen?"

Amma schreef terug:

> Amma voelt de verwarring van Haar zoon. Ons hele leven is een strijd tegen onze neigingen. Als je erachter wilt komen of je sterk genoeg bent voor het ashramleven, kom dan en probeer het. Natuurlijk is het mogelijk een spiritueel leven te leiden als men getrouwd is, maar er zijn meer obstakels op de weg. Als men de vaste overtuiging heeft dat alles alleen aan God toebehoort en er niets anders in de wereld

is, dan kan men iedere weg bewandelen die men kiest. Welke weg je ook kiest, twijfel er nooit aan dat Amma met je meeloopt, je hand vasthoudt en je bij iedere stap op weg leidt.

Hij was diep geraakt door deze brief van Amma en besloot naar Californië te verhuizen en te helpen bij het bouwen van de ashram daar. Door de jaren heen heeft hij ontdekt dat het waar is dat Amma altijd zijn hand vasthoudt en hem in de juiste richting leidt.

Jaren geleden zat een toegewijde met Amma op een zandhoop op het ashramterrein in Amritapuri. Iemand vertaalde voor haar. Volkomen onverwachts vroeg ze speels: "Amma, vertel me alstublieft wat mijn ergste fout is."

Amma glimlachte een beetje, maar aarzelde met antwoorden. De toegewijde stond erop dat Amma iets zei. Uiteindelijk durfde Amma zachtjes te zeggen: "kritisch."

De toegewijde barstte in lachen uit en Amma begon ook te lachen. Later vroegen enkele mensen die van een afstand toegekeken hadden aan haar wat er gebeurd was. Toen ze zagen dat Amma en de toegewijde zich zo amuseerden, waren ze een beetje jaloers. Toen ze er later over nadacht, wist ze dat ze zo had moeten lachen omdat Amma helemaal gelijk had.

Ze vertelde wat er verder gebeurd was: "Amma had me beet en het was opwindend, ontzettend opwindend. De hele tijd legde Ze telkens weer mijn hand op Haar schouder om daarover te wrijven. Ik herinner me dat Haar schouders voelden als die van een rugbyspeler. Ik wreef er een beetje over en trok mijn hand dan stiekem terug, omdat ik het een beetje gênant vond om zo informeel met Amma om te gaan. Maar Ze trok mijn hand steeds terug en legde die weer op Haar schouder. (Ik denk dat het was om de klap die eraan kwam te verzachten.) Toen deed Ze iets zeer teders, net als een moeder. Ze wreef het haar op mijn voorhoofd zachtjes omhoog, zoals de moeder die ik nooit gehad heb. Het was ongelooflijk lief.

Toen zei ik: 'Wat nog meer?' Ik dacht dat ik het aankon en daarom dwong ik Haar door te gaan. Ze aarzelde erg, omdat Ze mijn gevoelens niet wilde kwetsen. Maar ik drong opnieuw aan: 'Wat nog meer?' Ik was erg hoogmoedig, omdat ik 'kritisch' aangekund had. Daarom wilde ik dat Ze doorging.

Ze keek huiverig naar me, omdat Ze wist dat ik niet blij zou zijn met wat zou volgen, maar ik bleef aandringen. Ten slotte zei Ze 'jaloers'.

Dit was te veel voor me. Zo zag ik mezelf niet. Echt niet. Deze keer lachte ik dus niet. En toen zei Amma lief: 'Moeder maakt maar een grapje!' Ze kon zien dat het te veel voor me was. Heimelijk dacht ik dat Ze ongelijk had, maar jaren later besefte ik dat Ze wel gelijk had.

Na het onderwerp 'jaloers' voelde ik me behoorlijk gekwetst en daarom zei ik: 'Vertel me iets goeds over mezelf.'

Nu weet ik dat het heel dwaas was zoiets te vragen. Ze zei: 'Nee, dat zou je ego vergroten en vleien is niet goed.'

Uiteindelijk zei Ze zoiets als: 'Wees niet als een insect dat het blad opeet. Wees als een vlinder die vriendelijk rondfladdert en mensen vreugde schenkt in zijn korte leven.' "

Amma zegt dat alle eigenschappen van God zichtbaar zijn in de handelingen van een levende guru en dat wij deze eigenschappen ook kunnen verwerven. Door een kristallen halssnoer kunnen we de draad heel duidelijk zien. Op dezelfde manier is God tastbaar aanwezig in een mahatma. Een mahatma kan als een spiegel fungeren die ons onze eigen ware aard in zijn zuiverste staat toont.

Een jonge vrouw die onlangs door haar man in de steek gelaten was, kwam Amma opzoeken. Ze zei dat er helemaal geen reden voor hem geweest was om haar te verlaten. Ze huilde in Amma's schoot en geloofde dat ze geen fouten gemaakt had. Amma zei haar dat ze iets gedaan moest hebben wat haar man ongelukkig maakte, maar de vrouw was er zeker van dat er niets was. Op het laatst zei Amma dat een man alle liefde van zijn vrouw wil en dat ze dat niet gegeven had. Ze was geschokt, maar moest het gesprek daar beëindigen, omdat haar darshantijd voorbij was en ze voor de volgende persoon plaats moest maken.

Later, toen ze diep nadacht over wat Amma gezegd had, werd het haar duidelijk wat er was gebeurd. Ze herinnerde zich dat de man van haar zus een paar jaar geleden gestorven was en ze geholpen had bij het zorgen voor het kind van haar zus. Ze deed de baby in bad, gaf haar te eten en kleedde haar aan. Omdat ze zoveel tijd met het kind doorbracht, raakte ze sterk aan haar gehecht. Na haar huwelijk dacht ze nog veel aan het kind en spraken ze vaak over de telefoon met elkaar.

Nu begreep ze wat Amma bedoelde, dat ze niet haar hele liefde aan haar man gegeven had. Ze was de liefde, tijd en aandacht vergeten die ze onbewust aan dit kind geschonken had. Deze openbaring was een schok voor haar, maar door Amma's genade werd ze zich ervan bewust wat de oorzaak was dat haar man haar verlaten had. Amma begrijpt onze tekortkomingen heel goed en de verschillende manieren waarop zij zich manifesteren in onze relaties met anderen. Amma is de Alwetende.

In de lente na de tsunami nodigde Amma enkele duizenden
kinderen uit om twee kampen van vier dagen in de ashram bij
te wonen. Een man die in de ashram woont, had die ochtend
nog gezegd dat hij amper voor zijn eigen twee kinderen kon
zorgen en hij zich niet voor kon stellen dat hij er meer zou hebben. Maar 's avonds was hij persoonlijk verantwoordelijk voor
honderd kinderen. Aan de brahmachari's, die naar de ashram
gekomen waren om het gezinsleven te vermijden, werden ook
honderd kinderen per persoon toegewezen. Sommige dingen in
het leven – wat prarabdha – kunnen we niet volledig ontlopen,
waar we ook heen gaan.

Tijdens de kampen werden wij allemaal belaagd door de
vele kinderen die in het wild door de ashram rondrenden.

Ze braken potplanten en sloten mensen in hun kamer op.
Ze maakten papieren vliegtuigjes en wierpen die vanaf de bal-
kons van de flats naar beneden. 's Nachts hielden ze kussenge-
vechten in hun kamers, waarbij ze de kussens opentrokken en
het vulsel overal verspreidden. Het was net een tweede tsunami.

Bij de bhajans klapten ze steeds wanneer Amma kwam
en wegging en tussen alle liederen in, hoe vaak men hun ook
vertelde dat ze dat niet moesten doen. Hun luide applaus
weerklonk als de donder die de muziek overstemde. Enorme
groepen kinderen stonden om de paar minuten op om naar het
toilet te gaan en stoorden zo de mensen die probeerden zich te
concentreren. Ze richtten een enorme ravage aan. Hoewel het
voor de meesten van ons moeilijk was om ons aan deze chaos
aan te passen, wilde Amma dat de kinderen, die zo'n moeilijke tijd hadden meegemaakt, vrijheid en blijheid in de ashram
ervoeren. Ze wilde dat ze hun trauma te boven kwamen en

een gevoel van vertrouwdheid met Amma en de ashram ont-wikkelden. Daarom was Ze niet overdreven streng voor hen.

Hoewel de kinderen onhandelbaar leken, stonden ze onder Amma's bescherming. Ze gaf opdracht om de kinderen zwemlessen te geven om hun vrees voor het water te overwinnen. Op een dag voelde een van de vrouwen die de kinderen zwemles gaf, een onweerstaanbare drang om vroeger naar het zwembad te gaan. Toen ze de poort van het zwembad opendeed en naar binnen liep, zag ze een klein lichaam met zijn gezicht naar beneden in het water drijven. Ze sprong onmiddellijk in het water en haalde de jongen eruit. Omdat ze erg groot is, kost het haar normaal gesproken moeite om zelf uit het water te komen, maar gelukkig kon ze zichzelf en de jongen nu snel uit het water op de kant van het zwembad hijsen. Ze paste kunstmatige ademhaling toe en het kind werd naar het ziekenhuis gebracht.

Hij herstelde ongelooflijk snel. Het bleek dat dit ondeugen-de kind over de muur van het afgesloten gedeelte geklommen was en toen in het water gesprongen was, hoewel hij niet kon zwemmen. Gelukkig was deze vrouw daar net op tijd gekomen en werd het kind gered.

Ze zei later dat ze geen reden had om die dag eerder naar het zwembad te gaan, maar ze voelde zich gedwongen om op te staan en zich te haasten. Ze voelde duidelijk dat het Amma's goddelijke inmenging was dat ze op tijd in het zwembad was om het kind te redden.

Tijdens de vier dagen van het kamp gaf Amma de kinde-ren de gelegenheid om met Haar te praten door vraag- en ant-woordbijeenkomsten. Eén kind zei tegen Haar: "Amma, vergeef ons alstublieft. We zijn zo ondeugend geweest. Zal Amma ons nog zegenen, ook al hebben we hier zoveel vreselijke dingen gedaan?" Amma antwoordde blij: "Natuurlijk hebben jullie Amma's zegen. Het is niet waar dat jullie zo slecht geweest zijn. Amma was veel ondeugender dan jullie toen Ze een kind was." Amma begreep duidelijk de verschillende niveaus van bewust-zijn die in deze kinderen aangesproken moesten worden. Ze hadden zich in de steek gelaten kunnen voelen, omdat ze alles verloren hadden. Maar in plaats daarvan ontvingen ze Amma's vergevende liefde. Op een zeer diep niveau leidde Amma deze kinderen weg van het trauma dat ze ervaren hadden. Ze pro-beerde een sterke basis van liefde en hulp van de ashram te leggen om hen veilig op hun reis door het leven te leiden.

Toen we begin 2007 wegreden na het programma in Tric-hy in Zuid-India, merkte Amma enkele hutten op die naast de weg gebouwd waren. Ze zei dat Ze zich zo bedroefd voelt wanneer Ze mensen in hutten van palmbladeren ziet wonen. Het herinnert Haar altijd aan de problemen die Ze zag toen Ze opgroeide. Als Ze mensen zo ziet leven, droomt Ze altijd dat iedereen in India minstens een kleine tweekamerwoning heeft om in te wonen en iedere dag minstens één goede maal-tijd heeft om zijn maag te vullen.

Mensen die in kleine dorpen wonen, leiden vaak een moeilijk bestaan, maar toch hebben ze de houding dat ze alles geven wat ze hebben aan iemand die in nood naar hen toe komt. Meestal hebben ze niets anders dan eten te geven. Dus wanneer er gasten naar hun huis komen, krijgen ze altijd goed te eten. De mensen uit de dorpen denken er niet aan iets voor zichzelf voor de volgende dag te bewaren en leven gewoonlijk van de hand in de tand. Maar ook al hebben ze erg weinig, ze geven toch weg wat ze kunnen om iemand te helpen. Amma

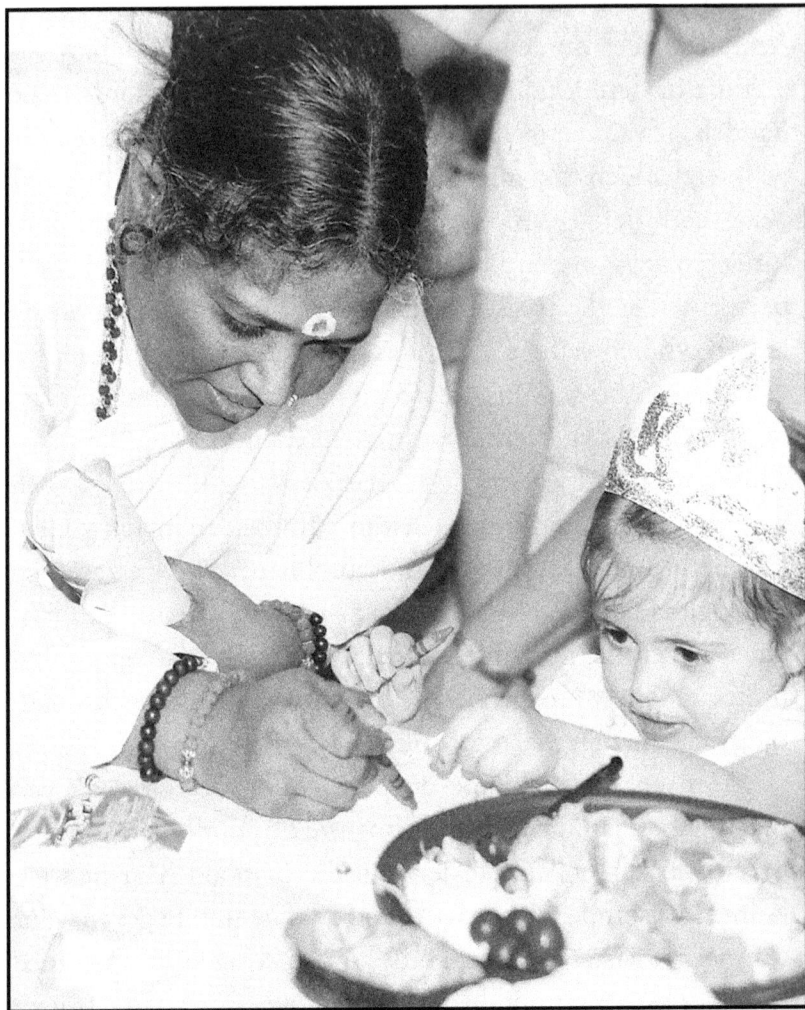

heeft gezegd dat in een dorp nooit iemand van honger is omgekomen. Op de een of andere manier zorgen de dorpelingen altijd voor elkaar.

Amma legde uit dat dorpelingen erg trots zijn op wat ze hebben, hoewel ze soms erg arm zijn en slechts een paar bezittingen hebben. In de keuken worden hun metalen kookpotten zo goed schoongemaakt dat ze glimmen als een spiegel. Toen Amma opgroeide, was Haar moeder heel streng voor Haar, toen ze Haar leerde koken. Er mocht niet één deeltje as van het kookvuur in het eten vallen, anders kreeg Ze een uitbrander wegens onzorgvuldigheid.

Amma's moeder had altijd de gewoonte om gasten te ontvangen en hun het beste aan te bieden wat ze had, zelfs als dat betekende dat het gezin honger moest lijden. Deze gulheid was hun eigen. Het was niet iets wat in de dorpen van weleer gecultiveerd moest worden.

Zelfs wanneer er nu arme mensen voor darshan naar Amma komen, geven ze Haar een sjaal of een dhoti, hoe berooid ze ook zijn. Het is hun verlangen hun hart te openen door iets te geven. Sommige mensen die twee paar kleren krijgen, willen toch één stel aan Haar geven, hoe weinig ze ook hebben.

Omdat Amma in een dorp opgroeide, heeft Ze de zienswijze van een dorpeling die altijd wil geven en er niet aan denkt iets voor morgen te bewaren. Daarom wilde Amma alles geven wat Ze had toen de tsunami toesloeg. Ze besloot niets achter te houden voor de toekomst. Ze zei twintig miljoen euro toe, wat meer is dan Ze had. Ze had er vertrouwen in dat Ze Haar kinderen kon inspireren hard te werken om het tekort aan te vullen.

In 2007 werd Amma uitgenodigd op een bijeenkomst van de eerste minister van Maharashtra en topambtenaren van de regering om advies te geven hoe het toenemend aantal zelfmoorden in het land verminderd kon worden. De regering besefte dat de mensen spirituele counseling nodig hadden, naast wat men zelf kon bieden. Daarom wendde men zich tot Amma voor leiding. Men vroeg Amma niet om financiële hulp, maar Haar mededogen met degenen die leden werd zo groot, dat Ze spontaan hulp ter waarde van achtendertig miljoen euro aanbood. Ze organiseert het counselen van mensen over heel India en ondersteunt de mensen in de getroffen gebieden. Wanneer de nood zich voordoet, kan Ze het niet nalaten te helpen.

Amma is ontzettend bedroefd als Ze ziet dat de onschuldige houding van dorpsmensen nu verloren gaat. De houding van de dorpelingen verschilt erg van die van de rijke mensen. De dorpelingen geven alles wanneer de nood zich voordoet, in tegenstelling tot de rijken die vaak het gevoel hebben dat ze nooit genoeg hebben en altijd meer willen vergaren tot aan het einde van hun leven. Hoe ongelooflijk rijk mensen ook kunnen worden, ze hebben toch een onverzadigbare honger en ze verlangen altijd naar meer en meer. Tot in het graf zijn ze ontevreden en denken aan morgen en hoeveel ze nog voor zichzelf kunnen verwerven.

De vlammen van een vuur kunnen gemakkelijk geblust worden, maar de vlammen van een onmetelijk verlangen kunnen nooit gedoofd worden. Eindeloos verlangen naar wat ons nooit gelukkig zal maken is zo'n tragisch verlies van onze kostbare levensenergie.

In Japan vertrouwde een vrouw mij toe dat ze geen voldoening meer in het leven vond en dat haar leven een aaneenrijging van stress leek. Toen ik haar adviseerde om te proberen een doel in het leven te vinden, was ze erg verrast omdat ze hier nooit aan gedacht had. Als we geen doel in het leven hebben, kan dat leiden tot een leeg bestaan. Onze geest die steeds maar rondgaat in de cyclus van *samsara*, gaat als een slinger van verdriet naar vreugde. Amma verzekert ons dat als hij in één richting slingert, de andere richting zeker zal volgen.

Amma hamert erop dat we moeten leren de geest onder controle te krijgen om innerlijke rust te vinden. Daarvoor hebben we genade nodig. Om deze genade te verwerven moeten we goede handelingen verrichten.

Iedereen zoekt een beetje vreugde en innerlijke rust in het leven om zich aan vast te houden. We zoeken daarvoor zelden op de juiste plaats. Of als we wel de juiste plaats vinden, hebben we soms niet de juiste houding.

Vele jaren geleden, toen mijn vader nog in leven was, besloot hij mij in de ashram in India op te zoeken. Hij was in de zeventig en wilde kennelijk meer in het leven. Ik dacht dat hij het gevoel had dat hij iets in het leven miste, nu hij dichter bij het einde van zijn leven kwam. Hij wist dat ik iets heel buitengewoons in mijn leven gevonden had en hij wilde dat zelf ervaren. Daarom besloot hij precies dezelfde dingen te doen die ik in mijn leven gedaan had en die mij bij Amma gebracht hadden.

Ik had in mijn eentje enkele jaren door Azië gereisd, voordat ik bij Amma ging wonen. Hij besloot dit ook te doen. Hij reisde – ook alleen – naar precies dezelfde plaatsen waar ik was geweest. Maar om de een of andere reden had hij op zijn hoge leeftijd geen levensveranderende ervaringen.

Toen hij in India aankwam, ging hij naar de ashram om Amma te ontmoeten. Hij stak zijn hand uit om die van Amma te schudden. Waarschijnlijk was hij de eerste ter wereld die Haar hand wilde schudden. Ik moet toegeven dat ik toen erg in verlegenheid gebracht werd, maar als ik er nu op terugkijk, kan ik zijn onschuld waarderen, omdat hij niets wist over buigen voor een heilige of hoe zo iemand te begroeten.

Na het handen schudden pakte Amma hem snel beet en omhelsde hem op Haar eigen liefdevolle manier van begroeten. (Ik denk dat het toen zijn beurt was om zich een beetje verlegen te voelen.) Vervolgens schudde hij ook de hand van Amma's moeder, wat haar als een jong meisje deed giechelen. Het was een zeer grappig tafereel, mijn vader bij Amma in India met zijn Australische boerenhoed die hij altijd op had.

Mijn vader bleef twee weken in de ashram, maar kon de diepe zin van het leven die ik in Amma's aanwezigheid gevonden had, niet begrijpen. Hij zei dat hij te oud was om te veranderen. Maar dat ik tevreden was en iets gevonden had wat echt een doel en betekenis aan mijn leven gaf, maakte hem erg gelukkig. Ik leerde van zijn ervaring dat we dezelfde handelingen als een ander kunnen verrichten, stap voor stap, maar totdat het hart zich opent en het ego wegsmelt, vinden we nooit volledige innerlijke rust.

In de herfst van 2006 verbleven we op de terugweg van Amerika één nacht in Amma's ashram in Duitsland. Amma riep de groep die buiten in de kou stond om een glimp van Haar op te vangen, en vroeg hun binnen te komen en te gaan zitten. Er lag buiten sneeuw en ik stond bij de deur en liet iedereen binnen, totdat we bij de laatste kwamen, een hond. Ik zei tegen hem:

"Sorry, jij niet!" Maar Amma drong eropaan dat de hond ook binnenkwam. Ik maakte me zorgen over zijn modderpoten op het tapijt, maar Amma kon het niets schelen.

Amma vroeg hoe hij heette. Hij heette 'Lucky'. Ze riep zijn naam een paar keer en vroeg alles over hem, omdat Ze kon zien dat het niet goed met hem ging. Ze zei dat alleen honden onvoorwaardelijke liefde kunnen geven, ongeacht wat wij met hen doen. Wij praten misschien en maken grappen, maar zij zijn altijd waakzaam en vervullen hun taak om ons te beschermen. Ze hebben de essentie van spiritualiteit, onvoorwaardelijke liefde, beter in zich opgenomen dan mensen.

Mensen vragen zich af hoe ze kunnen weten dat ze spiritueel vooruitgaan. Wanneer we ruimer van hart worden, wanneer we meer geduld en mededogen ontwikkelen en minder kwaad op anderen worden, is dit een bewijs van spirituele groei, zegt Amma. En als we gelijkmoedig kunnen blijven, in wat voor situatie we ons ook bevinden, weten we dat we vooruitgaan op het pad. Dit zijn de eigenschappen die we moeten hebben en daarom moeten we onze aandacht richten op de ontwikkeling hiervan in plaats van op andere ervaringen die tijdens onze sadhana op kunnen komen.

Het spirituele leven is bedoeld om ons te zuiveren, vooral onze geest. We denken dat verontreiniging alleen in de buitenwereld voorkomt, maar de belangrijkste verontreiniging bevindt zich in onszelf.

De uiterlijke wereld is alleen maar een reflectie van onze innerlijke wereld. De negativiteit die we door onze gedachten, onze woorden en onze handelingen uitdrukken, is sterker dan welke soort milieuverontreiniging ook. Het is in feite het meest dodelijke vergif. Om de uitdagingen van het moderne leven aan te kunnen moeten we de innerlijke zuiverende kracht van spiritualiteit opnieuw ontdekken.

Hoofdstuk 17

Het licht in de duisternis

In deze donkere wereld heeft iemand een kaars aangestoken. In plaats van over de duisternis te klagen is het beter het licht te volgen.

T. Ramakrishnan

Amma zegt dat we wanneer er verdriet in het leven komt, moeten proberen naar binnen te keren en door het oppervlak van onze ervaringen heen te dringen om de oorzaak te ontdekken. Verdriet onthult de ware aard van de wereld. We moeten begrijpen dat niemand meer van ons kan houden dan hij van zichzelf houdt. Niemand zal ons voor eeuwig steunen. Het inzicht dat God onze enige toevlucht is, zal ons helpen om onthecht te raken in het leven. We kunnen van anderen houden, maar als we al te zeer gehecht zijn, zal het ons altijd pijn geven.

God heeft ons de vrijheid gegeven om te lachen of te huilen. Zelfs als we volledig door duisternis omringd zijn, moeten we proberen het innerlijke licht helder brandend te houden. Mensen gaan op heel verschillende manieren met tragedies om. Sommigen gebruiken droevige voorvallen om hun leven te veranderen. Ze worden bijna gedwongen hun slechte gewoonten op te geven en een beter leven te leiden dat op dienen gericht is. Anderen blijven een moeilijke gebeurtenis herhalen als een excuus om aan het leven te ontsnappen en het leven de schuld van al hun mislukkingen te geven.

Ieder probleem is als een zaadje dat de mogelijkheid heeft om te ontkiemen en tot iets moois uit te groeien. We moeten leren ongunstige situaties in het leven te gebruiken om te groeien.

Toen Thomas Edison 67 jaar was, verloor hij zijn hele levenswerk bij een brand in zijn fabriek, die niet erg goed verzekerd was. Hij zag zijn levenswerk in rook opgaan. Toch probeerde hij het van de positieve kant te bekijken en besefte dat al zijn fouten ook volledig verbrand waren. Hij zei: "God zij dank, nu kunnen we opnieuw beginnen." Drie weken na deze ramp had hij nog steeds voldoende enthousiasme en inspiratie om weer met zijn werk te beginnen. In deze tijd vond hij de grammofoon uit.

In 2002 bevalen de stamoudsten van een klein dorp in Pakistan de groepsverkrachting van een jonge moslim vrouw. De verkrachting was bedoeld om de eer van haar familie te herstellen nadat haar jongere broer ervan beschuldigd was om te gaan met een meisje van een rivaliserende stam. In dit land blijven de meeste misdaden tegen vrouwen ongestraft. De vrouw verbrak haar stilte en diende niet alleen aanklachten in, maar vocht voor haar zaak tot aan het hoogste gerechtshof in het land. Toen haar aanvallers schuldig werden bevonden, zond dat een alarmgolf door het hele land. Ze gebruikte de financiële compensatie die ze van de regering kreeg om scholen in haar dorp te bouwen.

Nu zien vrouwen in het hele land haar als een symbool van hoop op het gebied van vrouwenrechten. Deze verlegen, ongeschoolde vrouw liet niet toe dat de wrede wending van het lot haar leven vernielde. In plaats daarvan gebruikte ze haar noodlot om de wreedheid van de gewoonten van haar cultuur te doorbreken en andere vrouwen te helpen. Er was onvoorstelbare kracht en moed voor nodig om vrijuit te spreken. Ze kreeg de 'Vrouw van het Jaar' onderscheiding van het Glamour Magazine, waarvan ze niet eens gehoord had. Ze gebruikte de onderscheidingsprijs van twintigduizend dollar om de slachtoffers van de aardbeving in Pakistan en vrouwen die soortgelijke ervaringen als zij hadden, te helpen. Ze zag haar angst onder ogen en veranderde het in iets wat de redding voor vele anderen kon zijn.

Toen Amma eens gevraagd werd waarom Ze zegt dat verdriet de grootste leraar is, antwoordde Ze:

> Ik heb verdriet altijd als het licht in de duisternis beschouwd. Miljoenen mensen in de wereld zijn depressief, omdat ze niet met verdriet om kunnen gaan. Maar wanneer men dat leed of verdriet bij een hogere realiteit of God uitstort, verandert het in de zuivere energie van liefde. Er is een bepaalde hoeveelheid lijden in ieder leven. Het doel van spiritualiteit is te leren hoe we met genade, gemak en een positieve houding lijden moeten verwerken. Om de geest onder controle te krijgen hebben we genade nodig. En om genade te ontvangen moeten we goede daden verrichten.

We zijn op deze aarde om te leren en spiritueel vooruit te gaan. Iedere situatie in het leven kan ons iets belangrijks leren. Iedere ervaring die we hebben, is het gevolg van ons karma. Wanneer er zich kleine moeilijkheden in het leven voordoen, moeten we volharden en proberen ons erdoorheen te worstelen. Als we alleen al proberen om de houding van overgave te ontwikkelen, zullen we de genade krijgen om ieder obstakel te overwinnen.

Op een programma in Kerala waren veel volgelingen bedroefd, omdat een brahmachari weigerde nog meer darshankaartjes te geven om mensen naar Amma te laten gaan. Het was al na middernacht en hij vond dat Amma wat rust moest nemen nadat ze vele uren darshan gegeven had. Hij vond dat Ze niet eindeloos door moest gaan met het ontvangen van mensen, vooral niet als ze 's avonds erg laat aangekomen waren.

Amma was het er helemaal niet mee eens. Ze wist hoe verdrietig de mensen zouden zijn als ze Haar darshan niet zouden ontvangen. Ze wist ook dat deze brahmachari de last van het slechte karma zou moeten dragen dat hij de mensen wanhoop en verdriet had laten ervaren omdat ze Amma's darshan niet ervaren hadden. Om dit karma te verlichten vroeg Ze hem honderd paar schoenen van volgelingen te verzamelen en schoon te maken. Hij slaagde erin vijftien paar schoenen te krijgen en maakte ze van harte schoon. De volgende morgen verzamelde hij nog eens honderd paar schoenen en maakte die schoon. Sommige mensen vonden het schandalig dat iemand in zijn positie schoenen schoonmaakte. Daarom gingen ze naar Amma om hun mening kenbaar te maken. Amma voelde mededogen met hem en gaf hem uiteindelijk toestemming ermee op te houden. Maar Ze maakte heel duidelijk dat er op iedere handeling een reactie volgt en dat we daarom uiterst voorzichtig moeten zijn en rekening moeten houden met iemands gevoelens. Als wij door onze handelingen anderen met opzet kwetsen, moeten we de gevolgen ervan in de toekomst ervaren.

In de hele wereld lijden ontelbare mensen. Sommigen hebben kanker, anderen verliezen hun gezin, miljoenen lijden aan psychische problemen. We moeten dankbaar zijn dat we, vergeleken met anderen, betrekkelijk weinig hoeven te lijden. Met deze gedachte voor ogen moeten we dankbaar zijn voor alles wat we hebben en anderen helpen op de manier die we kunnen.

In Haar kindertijd zag Amma zoveel intens lijden overal om zich heen. Ze voelde sterk de ondraaglijke ellende van andere mensen. Deze ervaringen deden Haar de vergankelijke aard van de wereld begrijpen. Toen Amma de wereld in dit licht zag, wilde Ze zich ervan afwenden. Soms was Ze zo kwaad op de wreedheid van het lot, dat Ze in Haar eigen lichaam beet tot het bloedde. Omdat Ze gekweld werd door zulk zinloos lijden, trok Ze Haar haar uit. Als een daad van martelaarschap wilde Ze zich zelfs in het vuur werpen en Haar eigen bestaan verbranden om de pijn in het leven een halt toe te roepen.

Ze riep uit tegen de natuur: "Ik wil al deze dingen niet zien!" Soms sprak Ze een taal die gewone mensen niet kenden. Amma zei dat er grove woorden uit Haar mond kwamen, maar dat ze niet te verstaan waren. Het was onbegrijpelijk en niet als de aardse taal die stervelingen spreken. Het kwam spontaan in Haar naar boven, van binnen uit, en op deze manier gaf Ze de natuur een flinke waarschuwing. Met al deze intens pijnlijke gevoelens om het lijden van anderen wendde Ze zich van de wereld af en dook diep in Haar eigen hart. Met Haar hele ziel verlangde Ze naar vrede.

Amma bad altijd dat ze geen greintje egoïsme in Haar leven zou hebben en dat God Haar zou straffen als Ze dat wel had. Ze huilde tot God om Haar de visie te geven om alles als Haar eigen Zelf te zien. Ze zegt dat dit de reden is dat Ze nu nooit het verschil tussen mannen en vrouwen kan voelen. In die heilige visie ziet Ze alles als één. We kunnen de toestand waarin we alles als één zien misschien niet bereiken, maar door mededogen voor anderen te cultiveren, kunnen we onszelf in hen gaan zien.

Alleen iemand die pijnlijke ervaringen heeft meegemaakt, begrijpt het leed van anderen. Wanneer we bewustzijn hebben, bevat iedere ervaring, goed of slecht, een les voor ons.

Op een dag werd een vrouw die altijd uiterst behulpzaam voor iedereen was, geroepen om een zieke buur te helpen. Toen ze weg was, stierf thuis een van haar kinderen door een ongeluk. Hoewel de dood tragisch was, kon de vrouw op de een of andere manier dit wrede lot accepteren.

Twee maanden later nam ze haar twee jongetjes en de kinderen van haar vriendin mee voor een uitje op het strand. Toen ze het middageten voor iedereen klaarmaakte, liet ze de kinderen even alleen en een van haar jongetjes dwaalde af. Ze zocht hem overal, maar kon hem niet vinden. Een opsporings- patrouille probeerde de jongen te vinden, maar zonder resultaat. Pas de volgende dag werd zijn lichaam gevonden.

De jonge moeder was helemaal verpletterd nu ze twee kinderen verloren had. Ze kon niet begrijpen dat God haar zo kon straffen. Ze huilde tranen met tuiten bij een priester in haar kerk en vroeg hem waarom ze zo gestraft werd. Haar priester verzekerde haar dat het geen straf van God was, maar dat alles gebeurt met een bepaald doel, dat we misschien nooit begrijpen, maar moeten proberen te accepteren.

"Maar wat voor doel kan dit hebben?" vroeg ze in tranen.

De priester dacht even na en zei: "Naar wie gaan alle mensen in onze kerk wanneer ze met verdriet of problemen te maken krijgen?"

Ze dacht hier een tijdje over na en zei toen: "Ze komen naar mij."

"Precies," zei de priester met een glimlach. "Je ziet dus dat het niet zo is dat God je wil straffen, maar wanneer je zelf zoveel verdriet ervaren hebt en het overleefd hebt, zul je anderen kunnen troosten die dergelijke tragedies en verdriet in hun leven mee moeten maken." Dit antwoord hielp haar innerlijke rust te vinden.

Er kwam een gezin naar Amma met hun kind dat aan melaatsheid leed. Zijn vingertjes waren door de ziekte aangevreten. Ze vroegen Amma bedroefd of ze euthanasie voor het kind mochten overwegen, omdat ze dachten dat er geen hoop was dat hij zou overleven of een redelijk leven kon leiden.

Amma zei hun dat ze dit nooit mochten overwegen. Als ze probeerden nu aan de situatie te ontsnappen, zouden ze opnieuw geboren moeten worden om met hetzelfde probleem geconfronteerd te worden. Het was hun bestemming mededogen met het kind te leren voelen en deze pijn en dit lijden onder ogen te zien, net zoals het de bestemming van het kind was om te lijden.

Moeilijkheden worden ons niet gegeven om ons te vernielen, maar om het potentieel dat in ons ligt, met kracht naar buiten te brengen. Als we geduld leren hebben, zullen geluk en vrede uiteindelijk volgen. Lijden kan echt van nut zijn om de geest van een toegewijde te zuiveren. We moeten situaties niet ontwijken, maar leren ze met de juiste houding onder ogen te zien.

Ik heb een oude jeugdvriendin in Australië met wie ik contact onderhoud en van wie ik om de zoveel jaar een brief ontvang. In 2005 stuurde ze me een brief waarin ze schreef wat ze in haar leven meemaakte. Men had vastgesteld dat ze

borstkanker had die zich verspreidde. Ze werd snel naar het ziekenhuis vervoerd voor een operatie om haar borst te verwijderen en deed een chemotherapiekuur van meerdere maanden. Sommige mensen die met deze situatie geconfronteerd worden, zouden goede redenen hebben om gedeprimeerd te zijn en te klagen. Zij schreef me daarentegen het volgende:

> Omdat ik chemotherapie onderga en al mijn haar uitgevallen is, moet ik een pruik dragen. Maar mijn pruik is driehonderd procent aantrekkelijker dan mijn eigen haar en daarom ben ik er erg op gebrand om de pruik op te zetten. Ik zie er tien jaar jonger uit, wat niet gebruikelijk is voor iemand die chemotherapie doet. Als je een pruik draagt, hoef je je haar ook niet te wassen en te föhnen. Dat bespaart me dus iedere dag een half uur. Als je kaal bent, zwem je sneller, je bespaart honderden dollars aan haarverf, knippen en shampoo. Er zitten dus vele goede kanten aan het kaal zijn.
>
> Maar afgelopen week heb ik geleerd dat je niet op een mountainbike moet gaan rijden met een pruik op. Wanneer je door de wildernis fietst, kan je pruik aan laaghangende takken blijven hangen en dan fiets je helemaal kaal door de woestenij! Dan zien honden je pruik (en honden spelen heel graag met pruiken) en besteed je dus de rest van de dag aan het achternarennen van de honden om je pruik terug te krijgen.

Ik was zo trots op haar dat ze ondanks zoveel leed ervoor koos het positieve van de situatie in te zien. Haar houding vol overgave veranderde haar verdriet in vreugde.

Verdriet helpt ons om ons naar binnen te keren. Wanneer iemand van wie we gehouden hebben, zich tegen ons keert, moeten we onze aandacht langzaam naar binnen keren en begrijpen dat dit de aard van de wereld is. In zulke tijden herinneren we ons gemakkelijker dat alleen God onze toevlucht is.

Wanneer we pijnlijke ervaringen in het leven hebben, reageren we dat misschien op anderen af, omdat we gekwetst en kwaad zijn. In plaats daarvan moeten we onze pijn op God richten. Op dezelfde manier als een oester een pijnlijk en irriterend zandkorreltje gebruikt om een kostbare parel te maken, kunnen wij ook iets waardevols uit een pijnlijke ervaring creëren.

Toen de man van een Indiase volgelinge plotseling stierf, besloot ze naar Amerika te gaan en wat tijd door te brengen bij haar dochter die daar woonde. Kort nadat ze in Amerika was aangekomen, ontdekte ze dat ze een cataractoperatie moest ondergaan. Ze was erg van streek dat ze deze operatie in het buitenland moest ondergaan, maar Amma belde haar vlak voor de operatie op en zei dat ze zich geen zorgen hoefde te maken, dat Ze tijdens de hele operatie bij haar zou zijn. Tijdens de operatie had ze een visioen van Amma in Devi Bhava met een prachtige groene sari aan. Ze was helemaal gerustgesteld dat Amma echt bij haar was.

Na de operatie brachten haar dochter en schoonzoon haar terug naar hun flat. Ze installeerden haar daar en gingen toen naar hun werk. Ze vonden het jammer dat ze haar alleen moesten laten, maar hadden geen keus. Spoedig nadat ze vertrokken waren, rook de vrouw geurige rozen en jasmijn en dacht aan Amma. Ze draaide zich om en zag tot haar grote verbazing Amma in de kamer staan. Amma had Haar witte sari aan en een prachtige jasmijn*mala* hing om Haar nek. Ze bracht de hele middag bij haar door. Ze liepen samen het appartement rond en spraken over de operatie en allerlei andere dingen.

Uiteindelijk was het tijd dat haar dochter en schoonzoon van hun werk zouden terugkomen. Ze smeekte Amma om wat langer te blijven omdat ze wist hoe gelukkig ze zouden zijn als ze Haar konden zien, maar Amma zei dat Ze moest gaan. Ze vroeg Amma toen te overwegen de jasmijnmala achter te laten als bewijs dat Ze daar geweest was, maar Amma zei opnieuw: "Nee, ik moet nu gaan" en verdween toen.

De vrouw was ontzettend gelukkig dat Amma gekomen was om deze tijd bij haar door te brengen. Hoewel ze een oogoperatie had ondergaan, leidden haar duidelijke visioenen van Amma haar door de moeilijkheden van de behandeling en de herstelperiode heen.

Amma is het echte licht in onze duisternis dat onze wegen met waarheid en liefde verlicht en ons door de zwaarste tijden in ons leven helpt. Wij, van onze kant, moeten niet vergeten dat we ons verdriet alleen bij Haar moeten uitstorten en weten dat Zij onze enige toevlucht is.

Hoofdstuk 18

De Moeder van allen

*Er bestaat een Oerkracht in dit universum. Ik
beschouw die kracht als mijn Moeder. En zelfs als ik
ervoor kies nog honderd keer geboren te worden, zal
Zij mijn Moeder blijven en zal ik Haar kind zijn.*
Amma

In een opiniepeiling die in meer dan honderd niet-Engelsta-
lige landen werd gehouden, werd aan mensen gevraagd wat
hun favoriete woord in het Engels was. Veertigduizend mensen
namen aan de opiniepeiling deel en het meest populaire woord
dat zij kozen was 'mother', het liefste woord van allemaal.

Een vrouw wordt geen moeder door kinderen ter wereld
te brengen. Zelfs een man kan moeder worden door zich de
voedende aspecten van een moeder eigen te maken. Alleen als
men kinderen opvoedt door hun de juiste waarden en bescha-
ving bij te brengen, wordt men een echte moeder. Traditioneel
is de moeder iemand die voor de kinderen zorgt: ze geeft hun
steun, leidt hen op hun weg door het leven en schenkt hun
vrede en troost.

Amma zegt dat Haar moederschap spontaan ontwaakte als
reactie op de mensen die naar Haar toe kwamen. Als onschuldige kinderen rekenden ze op Haar om hun problemen op te
lossen. Ze noemden Haar 'moeder' en daarom zag Ze hen als

227

Haar kinderen. Omdat Ze zich als de moeder van iedereen beschouwde, begon Ze de mensen te omhelzen en naar hun problemen te luisteren. Zoals zoetheid de inherente aard van iedere vrucht is, is moederliefde, de stroom van mededogen, Amma's inherente aard.

Journalisten vragen Amma vaak wat Ze voelt wanneer Ze de mensen die naar Haar komen, omhelst. Amma antwoordt: "Het is geen gewone omhelzing, maar een die spirituele principes tot leven brengt. Het is een zeer zuivere ervaring. Ik zie in mensen een weerspiegeling van mezelf. Wanneer ik naar de mensen kijk, word ik hen en voel hun vreugde en verdriet. We ontmoeten elkaar op het niveau van de liefde."

In de wereld van vandaag willen zoveel mensen anderen kwetsen en alleen maar dingen voor zichzelf krijgen. Maar Amma inspireert miljoenen over de hele wereld om van de mensheid te houden, die te helpen en te dienen. Zelfs na alles bereikt te hebben, blijft Amma zich niet in de hoogste gelukzaligheid koesteren zonder iets te doen. Amma besteedt iedere minuut van Haar leven aan het dienen van anderen. Iedere handeling van een gerealiseerde ziel wordt een zegen voor de wereld, wat die handeling ook mag zijn.

Zoals een zoet geurende bloem bijen aantrekt, trekt Amma altijd mensen naar zich toe, waar Ze ook is. Soms, wanneer we alle mensen die Haar achterna rennen of zich in de lift bij Haar willen dringen, proberen tegen te houden, geeft ze ons een uitbrander. Ze roept uit: "Het is zo waardevol iemand slechts één seconde van geluk in zijn leven te kunnen geven. Moeten we dat niet doen als we de kans hebben?"

Een bekende Indiase filmster bezocht Amma op een avond toen we in Mumbai waren. Toen hij de kamer binnenkwam, liep hij direct naar Amma en begon Haar schouders, armen en knieën te masseren, allemaal een paar seconden. Ik voelde me erg beledigd door dit informele gedrag tegenover Amma. Maar Amma ziet de dingen gewoonlijk anders dan wij. Toen ik later een opmerking maakte over zijn informele gedrag, was Amma het er niet mee eens. Ze zei dat hij iemand was die echt wist hoe te masseren en kon zien hoe moe Amma was. Omdat hij Haar als zijn moeder zag, en uit onschuldige liefde voor Haar, wreef hij spontaan Haar schouders zodat Haar lichaam zich beter voelde. Het hart van een moeder ziet altijd het beste in haar kinderen.

Een bepaalde volgeling ontmoette Amma voor het eerst in 1986. Hij had in zijn woonplaats Mumbai over Amma gehoord en toen hij Kerala bezocht, besloot hij de bus te nemen om Haar op te zoeken. Hij reisde met zijn zoon. In de bus vroeg een man die naast hen zat, waar hij heen ging. Toen deze man hoorde dat ze naar Amma gingen, begon hij tegen Haar van leer te trekken. Hij zei dat Ze een CIA-agent was en gaf allerlei foutieve informatie.

De nieuwe volgeling begon een beetje bang te worden en dacht dat iemand hem misschien voor de gek probeerde te houden door hem naar Amma te sturen. De man bleef maar tegen hem spraten. Hij zei: "Een vriend van mij heeft Amma ontmoet en zodra hij Haar zag, liet hij alles in de steek en nu gaat hij Haar de hele tijd opzoeken." Toen hij dit hoorde, besefte hij dat er waarschijnlijk iets mis was met deze man in de bus en niet met Amma.

Toen hij met zijn zoon in de ashram aankwam, ontdekten ze dat Amma darshan gaf in de kalari. Ze hadden een prachtige darshan en bleven die nacht. De volgende ochtend riep Ze hem en gaf hem een *rudrakshakraal* en ook een aan zijn zoon. Toen ze zich klaarmaakten om te vertrekken, zei zijn zoon zachtjes tegen hem: "Amma had er nog twee moeten geven voor mijn andere broers." Zijn vader zei hem dat het niet juist was om terug te gaan en er nog twee te vragen. Plotseling riep Amma hen terug en vroeg het jongetje: "Hoeveel broers heb je?" Hij antwoordde: "Twee." Hij merkte op dat Amma al twee rudraksha's in Haar hand had, die Ze toen aan hem gaf.

Toen ze weer wilden vertrekken, riep Amma hen weer terug. Deze keer haalde ze een rond medaillon aan een ketting te voorschijn en zei hem dat hij de rudraksha's aan zijn broers moest geven, zodra hij thuiskwam, maar het medaillon moest hij houden totdat zijn moeder vroeg: "Heeft Amma iets voor mij gegeven?"

Toen ze thuiskwamen, vergat hij dit hele voorval, totdat zijn moeder uiteindelijk vroeg of er iets voor haar was. Toen herinnerde hij zich plotseling het medaillon en gaf dat aan haar. Ook nu nog, twintig jaar later, draagt ze hetzelfde medaillon. Alle gezinsleden werden loyale toegewijden en Amma heeft hun leven door de jaren heen met veel vreugde gevuld. Ze waren blij dat ze geen acht geslagen hadden op het verkeerde advies dat hen tegengehouden zou hebben om de alomvattende armen van hun Moeder te bereiken.

Een vrouw uit Californië deelde een verhaal over de tijd dat ze Amma's liefde voor haar begon te begrijpen. Een paar maanden voor Amma's bezoek aan Californië lag haar grootmoeder op sterven. Ze liet een foto van haar oma aan een vriendin zien en zei: "Zij is mijn moeder." Haar grootmoeder had haar met veel meer liefde opgevoed dan haar biologische moeder. Dramatisch probeerde ze uit te leggen hoeveel haar grootmoeder voor haar betekende. Het was niet alsof haar oma stierf, maar alsof haar echte moeder stierf.

Een paar maanden nadat haar grootmoeder overleden was, ging ze naar Amma voor darshan. Amma zei haar heel nadrukkelijk: "Ik ben je moeder." Amma gebruikte dezelfde intonatie die de vrouw gebruikt had toen ze met haar vriendin over haar grootmoeder gesproken had. Het was alsof Amma daar aanwezig geweest was en haar zo had horen praten en haar nu iets duidelijk wilde maken. Ze stond volkomen perplex van Amma's onthulling. Het was overweldigend voor haar om de kracht van Amma's liefde voor haar te leren kennen. Toen ze na de darshan naar haar zitplaats terugkeerde, ontdekte ze dat het verdriet over de dood van haar grootmoeder volledig verdwenen was. Ze had maandenlang met dit verdriet geleefd en had het gevoel dat Amma het helemaal absorbeerde, omdat het nooit meer terugkeerde.

De mensenmenigten bij Amma's programma's zijn gewoonlijk erg groot. Een vrouw was helemaal overweldigd door de enorme menigte toen ze voor de eerste keer naar Amma ging. Ze had er een hekel aan in grote mensenmassa's te zijn. Toen ze uiteindelijk opstond voor Amma's darshan, vroeg ze of Amma werkelijk haar spirituele meester was. Amma antwoordde dat Ze dat echt was. Amma wist dat ze er een hekel aan had om slechts één van de velen te zijn. Daarom antwoordde Ze haar: "Als er duizend koeien zijn, weet een boer het als er ook maar één ontbreekt." De vrouw begreep dit voorbeeld niet helemaal, omdat ze een stadsvrouw uit New York was en niet veel ervaring met koeien had. Amma legde opnieuw uit dat Ze duizend ogen had en twee ervan waren alleen voor haar. De vrouw was blij en opgelucht toen ze deze uitleg hoorde.

Amma heeft miljoenen volgelingen over de hele wereld. Omdat het er zoveel zijn, maken sommigen van hen zich zorgen of Amma nog de tijd zal kunnen nemen om hun persoonlijk aandacht te schenken. Ze vragen zich af of hun gedachten en gebeden Amma kunnen bereiken wanneer ze fysiek ver van Haar weg zijn.

Bij een bepaalde gelegenheid zei iemand: "Amma, ik ben bang dat er zoveel mensen zijn die u opbellen dat de lijn bezet is wanneer ik u opbel." Maar Amma verzekerde deze persoon dat Ze altijd een open verbinding met iedereen heeft. Haar lijn is nooit bezet. Een mobiele telefoon kan een beperkt bereik hebben, maar Gods bereik is onbeperkt.

Het doet er niet toe waar je bent, omdat er met Amma een directe verbinding van het hart is. Haar taal is de liefde. Ze is voorbij tijd en afstand en alle andere obstakels die ons, naar wij vrezen, van Haar weg houden.

Aan het einde van Haar satsang voor een zeer grote mensenmenigte in Zuid-India in 2007 zei Amma de volgelingen dat Ze weet dat de mensen klagen dat ze Haar niet alles kunnen vertellen wat ze willen vertellen. Ze ziet tijdens de darshan zoveel mensen dat Ze vaak slechts een paar seconden tijd voor hen heeft. Ze ging verder: "Amma is niet als een dokter of een advocaat, aan wie je alles moet vertellen. Tegen God hoeven kinderen niets te zeggen. Amma heeft de sankalpa dat Ze ieder hart van Haar kinderen kan horen."

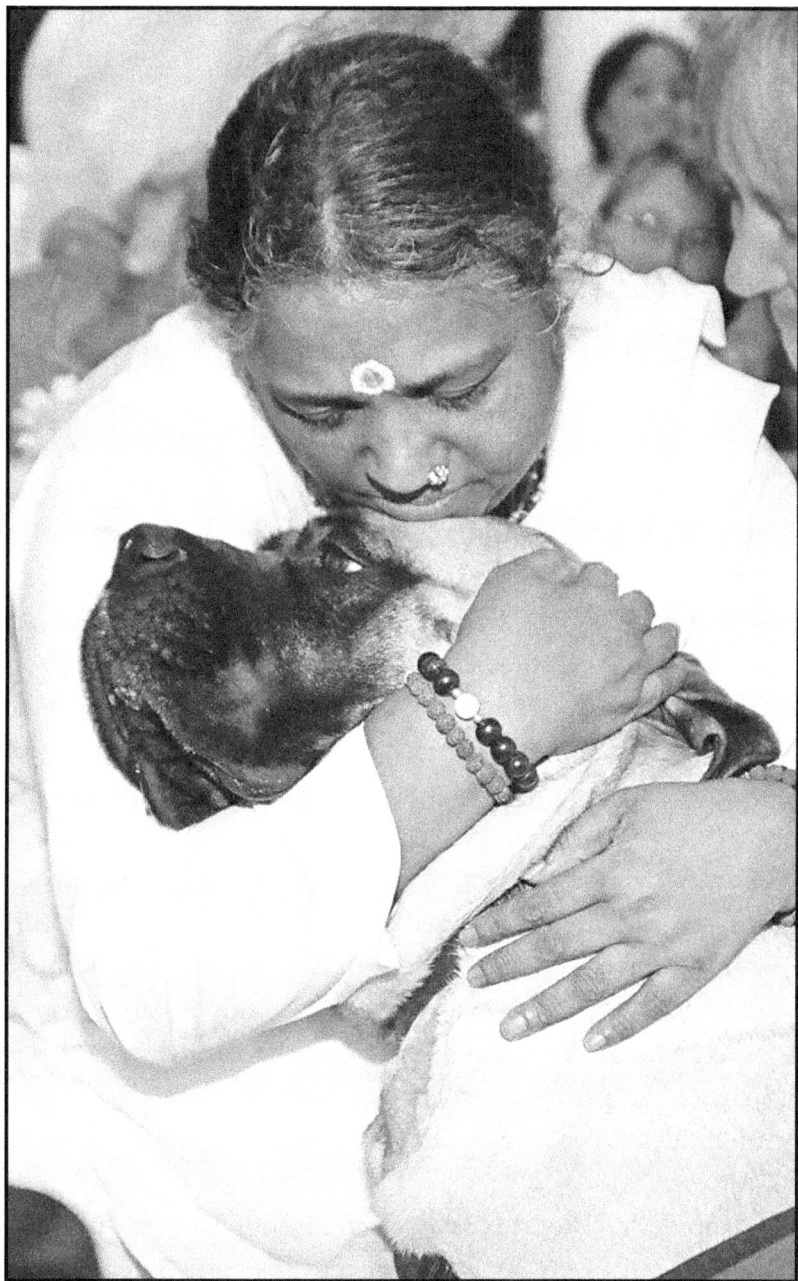

Een vrouw uit Seattle vertelde dat haar zoontje, toen hij zes jaar oud was, Amma verteld had dat hij de eerste minister van zijn land wilde worden. Jaren later, toen hij twintig was, herinnerde Amma hem hieraan en ze lachten samen om de dierbare herinnering.

Amma herinnert zich al Haar kinderen, waar ze ook zijn. We hoeven hieraan nooit te twijfelen.

In Amerika kwam in een bepaald jaar een oude Indiër met een lange, witte baard naar de darshan. Een volgeling merkte hem op en keek naar zijn darshan. Hij zat later tijdens het avondprogramma naast dezelfde man. De volgeling groette hem en vroeg hem of hij uit India kwam. Hij antwoordde van ja en vertelde dat dit zijn eerste reis naar Amerika was. Hij was gekomen om zijn zoon op te zoeken die naar Amerika verhuisd was. Amma had hij veertien jaar geleden tijdens een programma in India ontmoet en sindsdien niet meer gezien. Hij vertelde de volgeling dat Amma tijdens de darshan in zijn oor fluisterde: "Mijn zoon, mijn zoon, waar ben je veertien jaar lang geweest?"

Tijdens de Amerikaanse tournee worden er in vijf of zes steden retraites gehouden. De tweede avond van de retraite serveert Amma iedereen een bord eten en zit dan een tijdje bij alle jonge kinderen. De kinderen vormen een rij rondom Amma's tafel en als ze langs Haar lopen geeft Ze ieder van hen een stukje *pappadam* te eten. Opgewonden en enthousiaste ouders dragen hun kinderen naar Amma om dit gezegende eten van Haar te ontvangen.

Op de retraite in New Mexico in 2006 was Amma klaar met het eten geven aan alle kinderen en stond op het punt de kamer uit te gaan. Een vrouw met drie kinderen had met opzet Amma aan haar zes maanden oude baby geen pappadam laten geven, omdat Amma haar kind de volgende avond tijdens Devi Bhava het eerste vaste voedsel zou geven. Als onderdeel van de traditionele ceremonie neemt Amma de baby op schoot en geeft hem dan met haar eigen vingers *payasam* te eten.

Toen Amma de kamer uitging, zag Ze deze vrouw met de baby en ging recht op haar af. Amma had een stuk pappadam en vroeg of de baby te eten had gehad. Er was geen ontsnapping mogelijk. Amma was vastbesloten de baby meteen te eten te geven en daarom gaf Ze haar de pappadam. De altijd alerte moeder wilde niet dat een van Haar kinderen over het hoofd gezien werd. Deze baby was zo lief dat ze uiteindelijk twee keer van Amma te eten kreeg.

Aan het einde van een programma in Noord-Kerala in 2006 had Amma bijna tachtigduizend mensen ontvangen. Toen de lange darshan voorbij was, had Amma nog geen kans om te rusten. Volgelingen hadden Haar gevraagd direct na het programma naar hun huis te komen. Amma stemde in en bezocht verscheidene plaatsen. Toen al Haar afspraken eindelijk voorbij waren, ging Amma naar het voertuig. We waren opgelucht dat Ze uiteindelijk wat rust kon nemen. Maar tot onze verrassing verzocht Amma ons Haar naar een huis te brengen waar twee kinderen wonden die Haar al zo lang gevraagd hadden te komen. Ze hadden hun moeder verloren en daarom voelde Amma medelijden met hen. Het was moeilijk voor ons om aan nog een huisbezoek te denken na alles wat Ze al had meegemaakt. Hoewel we volhielden dat dit geen goed idee was en Haar smeekten wat rust te nemen, negeerde Amma onze bezwaren.

Geïrriteerd door Haar tegenzin om te rusten, informeerde iemand naar het huis van de kinderen, maar niemand wist precies wie Amma bedoelde. Amma stond erop dat we probeerden hen te vinden. Ze wilde er echt heen. Ze zei dat de kinderen altijd Haar hand vasthielden, als Ze naar Haar kamer ging, en Haar vele malen gevraagd hadden hen te bezoeken. Ze wilde hun wens vervullen en daarom stond Ze erop dat wij contact met hen opnamen. Helaas konden we hen niet vinden en daarom gaf Amma ons met tegenzin toestemming om onze reis voort te zetten.

Toen we bij het begin van een buitenlandse tournee door Sri Lanka reisden, zaten we in de auto op weg naar ons onderkomen. De chauffeur van de wagen had zijn radio aan die een bepaald soort moderne muziek te horen gaf. Amma begon zachtjes met de discomuziek mee te tikken. Ik vond dit nogal grappig omdat het niet Amma's gebruikelijke soort muziek was. Amma zag dat ik mijn lachen probeerde te onderdrukken en vroeg me wat er zo grappig was. Ik zei dat ik nooit gedacht had dat Ze met discomuziek mee zou doen. Amma glimlachte en antwoordde dat Ze de *deva's* ziet die eigen zijn aan de *raga* van ieder soort muziek. In Amma's bewustzijn bestaat God overal.

In 2006 werden er in München rode hartvormige ballonnen gebruikt om het podium en de zaal te versieren. Aan het einde van het laatste programma had iemand alle ballonnen verzameld, hield ze vast, en wachtte voor de ingang buiten de zaal. Toen Amma het programma om negen uur 's ochtends beëindigde, ging Ze naar buiten en gaf iemand Haar dit mooie boeket ballonnen. Ze nam het aan en liet de ballonnen langzaam een voor een los. Het leek alsof Ze ieder op zijn weg zegende.

De ballonnen dreven langzaam omhoog en weg. We keken allemaal lange tijd vol verwondering toe, hoe ze omhoog de wereld in gingen en langzaam in de wind dansten. Het leek zo symbolisch. Toen we met Amma wegreden, bleef ik achteromkijken naar de ballonnen, die in de verte in de lucht weg-

zweefden, en ik vroeg me af waar ze terecht zouden komen. Ik wist niet hoever ze zouden reizen, maar ik wist wel dat Amma's liefde ieder van hen vergezelde.

Omdat ik de hele nacht tijdens het programma opgebleven was, konden mijn hersenen de diepe symbolische betekenis van de ballonnen niet helemaal ontcijferen. Maar toen ik na wat slaap de herinnering aan dit voorval weer opriep, besefte ik dat we allemaal als die hartvormige heliumballonnen zijn. Amma brengt ons een korte tijd allemaal samen, omarmt ons en houdt ons vast met Haar liefde en de beste wensen. Dan laat Ze ons los, laat ons de wereld weer ingaan en wil alleen het beste voor ons. Ze bidt dat we ons echte thuis veilig mogen bereiken.

Een onafhankelijke, jonge Israëli bezocht de ashram op zijn reis rond de wereld. Hij probeerde te ontdekken waar het in het leven om ging. Hij vond Amma aardig, maar trok verder. Hij reisde door heel India en bezocht veel plaatsen. Uiteindelijk keerde hij maanden later weer in de ashram terug. Hij had besloten Amma te vragen wat hij met zijn leven moest doen, omdat hij wist, nadat hij al het andere gezien had, dat alleen Zij het juiste antwoord wist.

Ontelbare mensen struikelen gewoon door het leven. Ze zijn door pijn en verdriet overmand en doen anderen pijn, omdat ze niet begrijpen waar het in het leven om gaat. Ik zal altijd dankbaar zijn dat Amma ons het begrip van de ware aard van de wereld heeft gegeven en ons de vreugde heeft laten zien die we vinden in een leven waarin we anderen dienen. We mogen deze grote zegen nooit vergeten en moeten ervoor zorgen dat we die zegen waard zijn. Alle liefde en genade die ons leven vult, moet overstromen naar het leven van anderen.

Amma's absolute onvermoeibaarheid blijft me verbazen. Ongetwijfeld is deze wereld nooit zo duidelijk getuige geweest van nederigheid en mededogen, samen met een overweldigende liefde om de mensheid te dienen, als in het levende voorbeeld van Amma.

Van de zes miljard mensen op deze aarde hebben wij de genade ontvangen om naar Amma te komen. Slechts een handjevol mensen in de hele schepping. Wat zijn wij gezegend. Amma offert Haar leven op om te proberen ons iets ongelooflijk belangrijks te leren. We moeten Haar leven niet zinloos voorbij laten gaan. Het is onze taak om iets goeds van Haar in ons op te nemen.

Toen we tijdens de Europese tournee in 2005 in Spanje waren, kwam er een klein meisje van zeven naar Amma, terwijl wij op het podium zaten en ons klaarmaakten voor het bhajanprogramma. Amma keek de andere kant uit en besprak iets met de swami die het harmonium bespeelde. Het meisje wilde Amma niet storen, dus toen ze ongeveer vijftien seconden gewacht had, wierp ze de brief die ze vastgehouden had, verlegen in Amma's schoot en rende toen snel het podium af.

Amma pakte de brief op en opende die. Hij was in het Spaans geschreven in een kinderlijke krabbel. Amma wilde weten wat erin stond en daarom keken een paar van ons ernaar, maar we konden de woorden niet begrijpen. Omdat Amma per se wilde weten wat erin stond, riep ik uiteindelijk iemand om het te vertalen. In de brief stond: "Lieve Amma, ik houd heel erg veel van u. Dank u dat u het beste deel van mijn hele leven bent."

Amma glimlachte en kuste de brief. Ze legde hem voor de rest van het programma naast zich neer. Het uur daarop keek ik van tijd tot tijd vol respect naar de brief en dacht dat dit kleine meisje precies had uitgedrukt wat de meeste volgelingen van Amma voelen. In haar korte leven had ze een onpeilbare waarheid aangestipt. Ik denk dat de meeste van ons zo'n brief naar Amma zouden willen schrijven, die precies alles in die paar woorden duidelijk maakt.

"Lieve Amma, ik houd heel erg veel van u. Dank u dat u het beste deel van mijn hele leven bent."

Woordenlijst

Acchan: vader in het Malayalam, de taal van Kerala

AIMS: Amrita Institute of Medical Sciences, Amma's hoogge-specialiseerde ziekenhuis in Cochin.

Amritapuri: Amma's hoofdashram in Kerala, India.

Amritavarsham50: evenement van vier dagen voor wereldvrede en harmonie, gehouden in Cochin in 2003 ter gelegenheid van Amma's 50ste verjaardag.

Arati: het zwaaien met brandende kamfer onder het luiden van een bel aan het einde van de aanbidding. Het symboliseert de totale overgave van het ego aan God.

Ashram: een woongemeenschap waar spirituele discipline wordt beoefend; het verblijf van een heilige.

Atman: het Hoogste Zelf of Bewustzijn; verwijst zowel naar de Hoogste Ziel als de individuele ziel.

Avadhuta: iemand die God gerealiseerd heeft maar zich meer als een gek gedraagt.

Bhajans: devotionele liederen.

Bhava: goddelijke stemming of houding.

Bidi: een sigaret die in droge bladeren gerold is.

Brahmachari: een celibatair levende mannelijke leerling die spirituele disciplines beoefent.

Brahmacharini: het vrouwelijke equivalent van brahmachari.

Brahmacharia: het beoefenen van beheersing van de gedachten, woorden en daden

241

Brahmasthanam: een tempel waar het beeld in het midden vier zijden heeft (met Ganesh, Shiva, Devi en een slang) die verschillende aspecten van het Ene symboliseren. Het idee van deze unieke vorm van verering komt van Amma.

Chai: Indiase thee die met melk gekookt wordt.

Chillum: een pijp van klei die gebruikt wordt om tabak of drugs te roken.

Darshan: visie van God of ontvangst door een heilige.

Devi: Goddelijke Moeder.

Devi Bhava: 'de goddelijke stemming'. De toestand waarin Amma Haar eenheid en identiteit met de Goddelijke Moeder toont.

Dharma: plicht of juiste verantwoordelijkheid.

Dhoti: doek die om het middel geslagen wordt en gewoonlijk door mannen gedragen wordt.

Ego: beperkt ik-bewustzijn, dat zich identificeert met beperkte dingen als het lichaam en de geest.

Guru: een spiritueel leraar.

Kalari: de kleine tempel waar Amma in het begin de Bhava darshans gaf.

Karma: handeling of daad; ook de reeks van effecten die onze handelingen teweegbrengen.

Maha samadhi: wanneer de levenskracht zich volledig uit het lichaam heeft teruggetrokken.

Mahatma: letterlijk 'Grote Ziel'. Een respectvolle hindoeïstische titel voor een spiritueel gevorderd iemand. In dit boek verwijst mahatma naar een gerealiseerd iemand.

Mala: halsketting of krans.

Malayalam: Amma's moedertaal, de taal in Kerala.

Mantra: een heilige klank of groep woorden met de kracht om te transformeren.

Maunam: een gelofte van stilte

Maya: illusie.

Om Namah Shivaya: krachtige mantra met verschillende interpretaties, die gewoonlijk betekent "Ik buig voor Hem die eeuwig gunstig gezind is."

Pada puja: traditionele aanbiddingsceremonie waarbij de voeten van de Guru gewassen worden.

Pappadam: dunne, ronde, krokant gefrituurde lekkernij die gewoonlijk met rijst geserveerd wordt.

Pitham: een heilige stoel

Pranam: een vorm van groeten in India. De handpalmen worden tegen elkaar gedrukt ter hoogte van het hart, waarbij de vingertoppen het voorhoofd raken. Dit is een afzwakking van een volledige teraardewerping om respect te tonen.

Prarabdha karma: de resultaten van handelingen in vorige levens die men voorbestemd is in het huidige leven te ervaren.

Prasad: een gezegende offergave of gift van een heilige of tempel.

Pulisheri: een vloeistof gemaakt van gekookte yoghurt met geelwortel en andere kruiden, die bij de rijst geserveerd wordt.

Puja: ceremoniële aanbidding.

Raga: een melodisch patroon van noten in de Indiase muziek dat een bepaalde stemming uitdrukt.

Rudraksha: zaad van een boom die vooral in Nepal gekweekt wordt en bekend is om zijn medische en spirituele kracht. Volgens de legende zijn het de tranen van Shiva.

Sadhana: spirituele oefeningen die naar het doel van Zelfrealisatie leiden.

Sadhu: een heilige

Samadhi: eenheid met God; een transcendente toestand waarin men alle besef van individuele identiteit verliest.

Sambar: een mengsel van chili en specerijen dat met groenten gekookt wordt.

Samskara: samskara heeft twee betekenissen: cultuur en het totaal van indrukken in de geest door ervaringen in dit of vorige levens

die het leven van een mens beïnvloeden: zijn aard, handelingen, geestesgesteldheid, enz.

Sanatana Dharma: letterlijk 'eeuwige religie'. De oorspronkelijke en traditionele naam voor het hindoeïsme.

Sankalpa: een besluit.

Sannyasin: iemand die de formele geloften van verzaking heeft afgelegd. Zo iemand draagt okerkleurige kleren om het verbranden van alle wereldse gehechtheid te symboliseren.

Sanskriet: oude Indiase taal.

SARS: severe acute respiratory syndrome, ernstige en acute ademhalingsaandoening

Satsang: luisteren naar een spirituele lezing of discussie; het gezelschap van heiligen en toegewijden.

Seva: onbaatzuchtig dienen.

Siddha Yogi: letterlijk: iemand die succesvol is. Iemand die Zelfrealisatie bereikt heeft.

Sugunacchan: Amma's biologische vader (Sugunanandan acchan).

Swami: iemand die de kloostergelofte van celibaat en verzaking afgelegd heeft.

Swamini: een vrouwelijke kloosterlinge.

Tabla: een Noord Indiaas stel trommels.

Tapas: ascese en ontbering die men ondergaat om zich te reinigen.

Tulasi: heilig basilicum, een medicinale plant.

Uniyappam: gefrituurde zoete lekkernij die in Kerala populair is.

Vasana's: overgebleven indrukken van voorwerpen en handelingen die men ervaren heeft; latente neigingen.

Vedanta: een filosofisch stelsel dat voornamelijk op het onderricht van de *Upanishaden*, de *Bhagavad Gita* en de *Brahma Sutra's* is gebaseerd en de aard van het Zelf behandelt.

Vibhuti: heilige as die Amma gewoonlijk als prasad geeft.

www.ingramcontent.com/pod-product-compliance
Lightning Source LLC
LaVergne TN
LVHW051547080426
835510LV00020B/2898